W

FLOR

Piazza Santa Croce

FLORENCE

Du monde entier, les mordus d'art et d'architecture accourent pour contempler la beauté intemporelle de la capitale toscane. Il est vrai que, dans son écrin de collines, la cité médiévale, embellie par les plus grands maîtres de la Renaissance, concentre de multiples merveilles. Bien sûr, il faudra jouer des coudes pour admirer la *Vénus* de Botticelli ou le *David* de Michel-Ange. Heureusement, cloîtres silencieux et paisibles jardins ne sont jamais bien loin. Et pour échapper au cliché de « ville-musée », il suffit d'arpenter le marché de San Lorenzo, de s'accouder au comptoir d'une *enoteca* et de déambuler de place en place à l'heure de la *passeggiata*.

Le Duomo et son campanile

Ces dernières années, **Jean-Philippe Follet** a traduit de l'italien une dizaine de livres sur les villas, palais et jardins de Toscane et sur les trésors de Florence, des fresques de Benozzo Gozzoli à l'Atelier des pierres dures en passant par le musée des Offices et le palais Pitti. Il s'est donc rendu à plusieurs reprises dans la ville de Dante. En mettant cette fois ses pas dans ceux de Katherine Vanderhaeghe (auteure de la première édition de ce guide), il a fait d'autres découvertes, qu'il vous livre au fil de ce Grand Week-end.

Patrice Hauser est photographe, journaliste et cameraman passionné. Il collabore avec de nombreux titres de la presse grand public, des maisons de production et d'édition. Il adore Florence, où il a déjà réalisé quatre reportages. Il aime sa taille humaine qui permet de tout visiter à pied, ses magnifiques musées, parcs et statues exposées en plein air, et aussi saisir des instants de vie ou capter la lumière, toujours changeante, sur les rives et les ponts de l'Arno.

Un Grand Week-end sur les réseaux sociaux

Suivez-nous sur *Facebook*, *Twitter* et *Instagram* **@Ungrandweekend.**

Vous y trouverez nos photos coups de cœur, nos expériences uniques et surtout une réponse personnalisée à toutes vos questions.

Et si vous y contribuiez ? Nous aimons beaucoup voir nos guides en voyage : postez une photo de votre guide en situation et taguez-nous, nous partagerons les plus belles et récompenserons régulièrement les plus appréciées.

Les incontournables DE FLORENCE

LE QUARTIER DU DUOMO

Le cœur religieux de Florence réunit à lui seul trois des monuments les plus illustres de la ville : la cathédrale (Duomo), coiffée d'une exceptionnelle coupole, un baptistère tapissé de mosaïques à fond d'or et un campanile qui embrasse, du haut de ses 414 marches, tous les toits du centre. Voir p. 22.

LA PIAZZA DELLA SIGNORIA

La solennelle place de la Seigneurie est le cœur battant de la cité depuis le XIVe s. Même si vous la trouvez intimidante, prenez le temps de l'arpenter et de visiter le Palazzo Vecchio, le symbole de la puissance florentine. Voir p. 34.

LA GALERIE DES OFFICES

Ce musée, l'un des plus visités au monde, possède une incomparable collection de tableaux : des œuvres de la Renaissance toscane, signées Botticelli, Michel-Ange, etc. et des grands noms de la peinture européenne, le tout réparti en 93 salles ! Mieux vaut réserver votre billet... Voir p. 39.

PONTE VECCHIO

Construit au point le plus resserré du fleuve, le plus vieux pont de Florence est, depuis 1594, le royaume parfois un peu trop embouteillé des joailliers et des orfèvres. Mais pour que le charme opère, il suffit de le visiter à l'aube ! Ou en soirée, à l'heure où les derniers rayons du soleil dorent les toits de ses maisonnettes jaunes. Voir p. 41.

OFFICINA PROFUMO FARMACEUTICA DI SANTA MARIA NOVELLA

Près de Santa Maria Novella, cette vénérable boutique, ouverte au public depuis 1612, est la plus ancienne de toutes les officines d'apothicaire encore en activité en Europe. Une symphonie de stucs, de fresques et de vieilles vitrines, où virevoltent de délicieux parfums. Voir p. 50.

LA CHAPELLE DES MAGES

À l'intérieur du palais Medici-Riccardi se cache un joyau peu connu du grand public : une chapelle, décorée par Benozzo Gozzoli de fresques sur le thème de l'Adoration des mages. Un rutilant cortège de chevaliers parmi lesquels vous reconnaîtrez à son turban Laurent le Magnifique. Voir p. 52.

GALLERIA DELL'ACCADEMIA

Le clou de ce musée, qui attire chaque jour jusqu'à 7 000 visiteurs ? Le *David* de Michel-Ange, une œuvre phare de la Renaissance italienne qui vaut bien plus qu'un rapide selfie ! Pour pouvoir l'admirer, et découvrir d'autres sculptures du maître, là aussi, réservez votre billet. Voir p. 59.

LE COUVENT DE SAINT-MARC

Poussez la porte de ce couvent pas comme les autres : ses cellules ont été décorées, avec beaucoup de sensibilité, par un moine-peintre du XVe s., le bienheureux Fra Angelico. Une suite de fresques émouvantes, à contempler sans modération, dès l'escalier qui mène au premier étage. Voir p. 60.

PALAZZO PITTI

Plusieurs générations de Médicis ont fait de ce palais le plus imposant de tout Florence. Les uns l'ont décoré de somptueux appartements, les autres y ont entassé de précieuses collections. Aujourd'hui, cinq musées vous attendent derrière son interminable façade : privilégiez la Galleria Palatina ! Voir p. 69.

LE JARDIN DE BOBOLI

Ouvert au public depuis 1766, le parc aménagé derrière le palais Pitti a tous les ingrédients du jardin à l'italienne : des statues, des fontaines, de beaux parterres, une petite île, une grotte et surtout une vue de rêve depuis la terrasse-belvédère du Chevalier. Voir p. 70.

CAPPELLA BRANCACCI

Au cœur de l'Oltrarno, l'église Santa Maria del Carmine recèle un petit bijou du XVe s. : une chapelle ornée de fresques illustrant la vie de saint Pierre. Un chef-d'œuvre de Masaccio et Masolino inscrit au patrimoine mondial de l'humanité. Voir p. 71.

LES VILLAS DES MÉDICIS

Ne boudez pas la campagne florentine : elle est ponctuée de séduisantes villas bâties par les Médicis. La Petraia a une salle de bal du XVIe s. ; Gamberaia, d'adorables jardins ; la Villa de Poggio a Caiano, un théâtre du XVIIIe s. ; et le parc de la Villa Demidoff, un géant barbu, le colosse de l'Apennin. Voir p. 82.

10 expériences UNIQUES

ASSISTER AU CALCIO STORICO...

... sur la piazza Santa Croce, une tradition de la Renaissance, relancée dans les années 1930. Mélange délirant de football et de lutte romaine, le Calcio réserve un spectacle hallucinant, dans lequel s'affrontent des joueurs en tenue médiévale (voir p. 17).

RÊVER DEVANT LES SOULIERS DU BOTTIER DES STARS...

... au Museo Salvatore Ferragamo (voir p. 43) et s'imaginer dans les escarpins raffinés dessinés pour Marilyn Monroe ou Audrey Hepburn par le petit Napolitain devenu la coqueluche de Hollywood.

SE FAUFILER DANS LE MONDE SECRET DES MÉDICIS...

... en empruntant le Corridoio Vasariano (voir p. 38), le long passage surélevé qui leur permettait de traverser le fleuve sans escorte et sans être vus. Le point de départ ? La Galleria degli Uffizi. Vous arriverez incognito dans le jardin de Boboli (voir p. 70), près de la grotte de Buontalenti.

DÉGUSTER L'*APERITIVO* VERSION DOLCE VITA...

... pour grignoter à volonté toutes sortes d'amuse-bouches. Pour tester cette *happy hour* italienne, rendez-vous au bar à vins Sant'Ambrogio (voir p. 137), où vous pourrez profiter du généreux buffet pour le prix d'un verre de vin toscan !

ARPENTER LES COLLINES DE FLORENCE...

... en grimpant à l'église San Miniato al Monte (p. 75), qui surplombe l'Arno et offre une vue splendide sur la vieille ville, et en découvrant les ruines du théâtre romain de Fiesole (p. 79).

FRÉMIR DEVANT LES VITRINES INSOLITES DE LA SPECOLA...

... le plus vieux musée scientifique d'Europe (p. 71), peuplé d'insectes et d'animaux étranges... Et bien s'accrocher devant les reconstitutions en cire d'organes malades dans la petite chambre des horreurs aménagée au XIXe s. !

OSER LES TRIPES À LA FLORENTINE...

... chez un tripier ambulant de Santo Spirito (voir p. 113), du Mercato Nuovo (voir p. 45) ou dans les allées du Mercato Centrale (voir p. 54). Et dévorer au moins une fois une énorme *bistecca alla fiorentina*, l'autre spécialité locale (voir p. 123).

PARCOURIR LA VILLE À LA LAMPE FRONTALE...

... durant la course nocturne organisée en mars par Firenze Eco Trail (voir p. 16) au départ de piazzale Michelangelo. Sur les 13 km du parcours défilent, dans une ambiance festive, la colline de San Miniato al Monte, le jardin de Boboli, le Palazzo Pitti, le Ponte Vecchio...

PRÉPARER *LA PASTA* COMME UN TOSCAN...

... en suivant le samedi après-midi, d'avril à fin octobre, un cours de 3 h sous l'œil expert d'un chef qui vous dira tout ce que vous avez toujours voulu savoir sur l'art de fabriquer les spaghetti ou d'accommoder les tagliatelles ! Inscription sur www.albatravelflorence.com À vos tabliers !

S'ENIVRER DE GLACES ET DE SORBETS DIVINEMENT PARFUMÉS...

... et décider qui de Grom (voir p. 95), Perchè no !... (voir p. 95), Carabé (voir p. 108), Vivoli (voir p. 111) ou Gelateria della Passera (voir p. 118) remporte la palme du meilleur glacier de la ville.

Un grand week-end SUR MESURE

Première fois à Florence ?

Suivez notre programme pour ne rien rater des incontournables de Florence... Nous avons découpé le centre de la ville en neuf petits quartiers et prévu deux escapades dans les environs. Évidemment, en trois jours, vous ne pourrez pas faire toutes ces balades. À vous de voir si vous voulez remplacer telle visite par une autre en fonction de vos centres d'intérêt.

PREMIER JOUR

➥ Rendez-vous place du Duomo pour visiter ses merveilles ainsi que le Museo dell'Opera, gardien des trésors de la cathédrale (quartier 1). Et pour vous offrir, entre les deux, un arrêt « cappuccino » chez Scudieri ou une pause glace à la Strega Nocciola, via Ricasoli (p. 95).

La fontaine de Neptune, piazza della Signoria

➥ Le borgo San Lorenzo vous conduira tout droit à la chapelle des Mages du Palazzo Medici-Riccardi (quartier 5). À moins que vous ne préfériez le couvent de San Marco (quartier 6) ? Dans les deux cas, déjeunez du côté du Mercato Centrale (quartier 5).

➥ Grimpez au Caffè del Verone pour admirer la vue (p. 107) avant d'aller contempler de près le *David* de Michel-Ange à la Galleria dell'Accademia (quartier 6). Vous pourriez ensuite dîner chez Eataly (p. 105) ou chez Konnubio (p. 106).

DEUXIÈME JOUR

➥ Débutez votre journée par l'ancienne officine d'apothicaire de Santa Maria Novella (quartier 4) et par un lèche-

Les rives de l'Arno et le clocher de Santa Croce

vitrines dans la très chic via de' Tornabuoni.

➥ Traversez le fleuve par le Ponte Santa Trinita. Les ruelles de l'Oltrarno (quartier 8) vous invitent à découvrir la Florence des petits métiers : doreurs, encadreurs, relieurs... Et à déjeuner dans une *enoteca*, celle du Santo Bevitore, par exemple (p. 115).

➥ Et si vous profitiez de l'après-midi pour visiter la chapelle Brancacci ou le palais Pitti (quartier 8) ? Après un tour du jardin de Boboli, empruntez le Ponte Vecchio (quartier 2) pour goûter aux joies de l'*apericena* dans un bar du borgo dei Greci (quartier 7).

TROISIÈME JOUR

➥ Direction le quartier 2 pour arpenter la piazza della Signoria et vous enivrer d'art à la Galleria degli Uffizi. Comptez trois heures de visite (pensez à réserver). Puis rechargez vos batteries du côté d'Orsanmichele, à la trattoria dall'Oste, par exemple (p. 92).

➥ Traversez l'Arno par le Ponte alle Grazie pour flâner dans San Niccolò (quartier 9) et gravir l'escalier de San Salvatore al Monte jusqu'à San Miniato pour une vue imprenable sur la ville au coucher du soleil. Et pour finir en beauté ? Le piazzale Michelangelo et son Flo' Lounge Bar (p. 146).

Déjà venu ?

Vous connaissez déjà les principaux monuments de Florence ? La Biblioteca Laurenziana et La Specola n'ont plus de secrets pour vous ? Il vous reste encore beaucoup à découvrir : le quartier de Sant'Ambrogio, par exemple, mais aussi Fiesole et les villas des Médicis dans les environs de Florence.

SANT'AMBROGIO ET SANTA CROCE (QUARTIER 7)

Après un tour dans les collections du Museo di Antropologia (quartier 1), empruntez le borgo degli Albizi. Il vous conduira tout droit piazza dei Ciompi et piazza Sant'Ambrogio, un quartier qui a encore le goût de l'authentique. Celles et ceux qui seraient en quête de bonnes affaires chineront au Mercato delle Pulci. Déjeuner via de' Macci ou au Caffè Letterario Le Murate, dans l'ancienne prison. Visite de la Scuola del Cuoio (l'École du cuir) et de la très belle église Santa Croce. Le soir venu, vous pourrez vous attabler aux terrasses des *enoteche* et goûter aux vins toscans.

La terrasse du Caffè Letterario Le Murate

Les jardins de la Villa Reale di Castello

FIESOLE (VISITE 10)

Tous les quarts d'heure, un bus n° 7 part de la via Giorgio la Pira (quartier 6) pour Fiesole. Vous avez donc le temps, avant de monter à bord, de visiter un ou deux musées peu connus du quartier : l'Opificio delle Pietre Dure ou le Museo Archeologico. La suite du programme ? Laissez-vous porter ! Le bus caracole au flanc de la colline et vous dépose piazza Mino Da Fiesole. De là, vous pourrez tout découvrir à pied – le site archéologique, le charmant couvent San Francesco – et même apercevoir le jardin de la Villa Medici. Vers 17h, c'est l'heure de l'*aperitivo* à la pension Bencistà (p. 147).

LES VILLAS DES MÉDICIS (VISITE 11)

Consacrez une journée à la visite des villas médicéennes aux alentours de Florence, qui émergent des cyprès et des parterres de buis. Vous pourriez d'abord explorer les deux villas de Castello, pique-niquer dans l'agréable parc de Pratolino, puis filer respirer les jardins de la Villa Gamberaia, dans le village de Settignano, où Michel-Ange passa sa jeunesse, avant de finir par la Villa di Poggio a Caiano. Ces villas sont toutes accessibles en transports en commun (avec changement à Florence ; voir p. 195).

Fêtes & FESTIVALS

Janvier

Uscita di Capodanno
Le premier jour de l'année est salué par la régate d'une trentaine de canots sur l'Arno. Le spectacle est à admirer depuis le Ponte Vecchio dès 11h. Le soir a lieu Il Concerto di Capodanno, un prestigieux concert au Teatro Comunale (voir p. 149).

Cavalcata dei Magi
Le jour de l'Épiphanie, le cortège des Rois mages suivis des représentants de la République florentine parcourt la ville depuis la piazza de' Pitti jusqu'au Duomo, où les Mages vont offrir leurs présents à l'Enfant Jésus.
www.operaduomo.firenze.it

Février

Fiera del Cioccolato Artigianale
C'est la fête du chocolat artisanal pendant une semaine sur la piazza Santa Maria Novella. Au programme, dégustations, expos, cours et animations.
www.fieradelcioccolato.it

Mars

Lo Scoppio del Carro
Le dimanche de Pâques (mars ou avril), une procession en costumes Renaissance accompagne un char truffé de feux d'artifice jusqu'au Duomo.

Firenze Eco Trail
Course nocturne de 13 km, à la lampe frontale, dans les plus beaux quartiers de Florence. Départ de piazzale Michelangelo à 21h.
www.ecotrailflorence.com

Avril

Mostra Internazionale dell'Artigianato
Fin avril, la Fortezza da Basso devient la vitrine de l'artisanat florentin, italien et international avec près de 700 exposants.
www.mostraartigianato.it

Mai

Maggio Musicale Fiorentino
Le plus ancien festival d'Italie crée l'événement depuis 1933 avec deux mois de concerts, d'opéras et de ballets.
www.operadifirenze.it

Festa del Grillo
Le jour de l'Ascension, dans le Parco delle Cascine, chaque famille, munie d'une petite cage, se met en quête d'un grillon porte-bonheur.

Fabbrica Europa
Expos d'art, danse, théâtre… ce festival fait un zoom sur la création contemporaine, de début mai à début juin, dans plusieurs lieux, notamment le musée Novecento et le complexe Alle Murate.
www.fabbricaeuropa.net

En été

Estate Fiorentina
C'est l'été florentin et sa profusion de manifestations culturelles qui se déroulent de mai à septembre : concerts, opéras, théâtre, expos, festivals et cinéma sous les étoiles.
www.estatefiorentina.it

Estate Fiesolana Vivere Jazz Fiesole
Concerts jazz, classiques et pop, mais aussi théâtre, danse et cinéma sont au programme de ce festival en plein air qui investit en juin et

juillet le théâtre romain de Fiesole.
www.estatefiesolana.it

Juin

Calcio Storico
Les quartiers historiques de Florence s'affrontent comme à la Renaissance sur la piazza Santa Croce lors du Calcio, tournoi musclé entre lutte, football et rugby, où tous les coups sont permis ! Un défilé de 500 figurants en costumes Renaissance depuis Santa Maria Novella précède la finale.
www.calciostorico fiorentino.it

Festa di San Giovanni
Pour la Saint-Jean (24 juin), jour de la finale du Calcio Storico, les Florentins fêtent leur saint patron avec une procession religieuse et un grand feu d'artifice allumé sur le piazzale Michelangelo.

Apriti Cinema !
La piazzale degli Uffizi fait son cinéma en plein air avec une majorité de films en V.O., de fin juin à mi-juillet.
www.quellidella compagnia.it

Juillet

Festival au Désert
Ce festival gratuit met à l'honneur la culture africaine pendant trois jours piazza delle Murate et piazza della Madonna della Neve.
www.festivalaudesert firenze.com

Festival Orchestre Giovanili
Pendant un mois, des orchestres de jeunes musiciens de toute l'Europe se produisent dans la Loggia dei Lanzi, piazza della Signoria ainsi que dans plusieurs églises, et c'est gratuit.
www.florenceyouth festival.com

Florence Dance Festival
Tout le mois de juillet, spectacles de danse contemporaine dans la cour du musée du Bargello.
www.florencedance festival.org

Août

Festa di San Lorenzo
Le 10 août, le quartier de San Lorenzo fête son saint patron : offrande de cierges, procession, concerts et banquet sur le parvis de l'église.

Septembre

Festa della Rificolona
Le soir du 7 septembre, Florence s'illumine pour la fête de la Lanterne. Les enfants, munis de lampions, convergent vers la piazza della Santissima Annunziata où les attendent concerts, jeux et confiseries.

Il Carro Matto
Le dernier samedi de septembre, la fête du Char fou évoque l'offrande du vin bénit à la Seigneurie de Florence.

Biennale Internazionale dell'Antiquariato di Firenze
La foire des antiquaires a lieu chaque année impaire au sein du magnifique Palazzo Corsini.
www.biaf.it

Novembre

50 Giorni di cinema internazionale a Firenze
Le septième art s'invite à Florence pendant presque deux mois, au cinéma La Compagnia.
www.cinema lacompagnia.it

Décembre

Mercato di Natale Tedesco
La 1re quinzaine de décembre, la piazza di Santa Croce accueille le marché de Noël de Heidelberg dans la plus pure tradition allemande.

Visites

PAR QUARTIER

Vue sur l'Oltrarno et le Ponte Vecchio

À SAVOIR

Lungarno degli Acciaiuoli

VISITER FLORENCE

Nous avons découpé le centre de la ville en neuf petits quartiers que vous pouvez tous visiter à pied et qui sont peu éloignés les uns des autres (du Duomo, on rallie le palais Pitti en 15-20 min de marche en passant par le Ponte Vecchio). À ces neuf quartiers s'ajoutent deux escapades dans les environs immédiats de Florence : Fiesole (voir p. 78) est facilement accessible en bus, tout comme la plupart des villas des Médicis (voir p. 82 et 195).

LIRE LES CARTES

Chaque visite est accompagnée d'un plan détaillé sur lequel nous avons placé tous les **points d'intérêt** du quartier. Les **pastilles de couleur** indiquent nos bonnes adresses de **restos,** de **bars** et de **boutiques.** Le numéro de la pastille colorée correspond à celui attribué à chacune des adresses. Reportez-vous au chapitre concerné pour lire la notice de l'établissement.

NOS CONSEILS POUR GAGNER DU TEMPS

Réservez vos visites pour une heure et une date précises : vous vous éviterez ainsi, en haute saison, de très longues files d'attente. Les musées les plus convoités proposent des réservations en ligne : la galerie des Offices (Galleria degli Uffizi, p. 39), attraction n° 1 avec 2 millions de visiteurs par an, met ses billets en vente sur b-ticket.com/b-ticket/uffizi, tout comme la Galleria dell'Accademia (p. 59) et le palais Pitti (p. 69).

Pour visiter le baptistère, la coupole de la cathédrale, le campanile et le Museo dell'Opera del Duomo (p. 23-28), réservez sur www.ilgrandemuseodelduomo.it

Détail du flanc sud du Duomo

LE BON HORAIRE

La plupart des grands musées et monuments sont ouverts du mardi au dimanche de 9h à 18h30, certains, comme le Museo Novecento et le Museo Archeologico, ferment un ou deux jours par semaine dès 14h. Les églises (comme les petites boutiques) ferment généralement leurs portes à 12h30 et les rouvrent de 16h à 19h30.

1 Du Duomo AU MUSEO DEL BARGELLO

Restos & bistrots p. 91 | Bars, clubs & sorties p. 129 | Boutiques p. 153

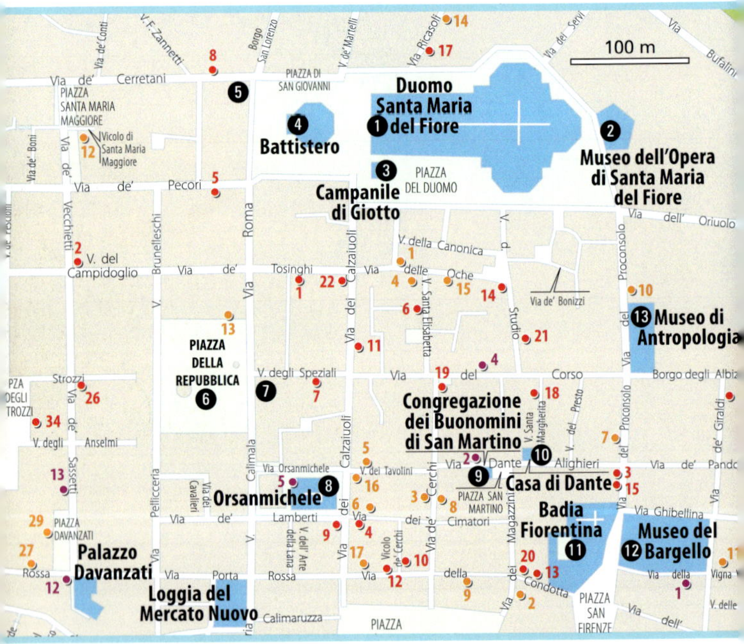

Le cœur de Florence bat au rythme du Duomo, cathédrale fascinante coiffée d'une coupole défiant les lois de la gravité. On s'y presse pour contempler le génie de l'architecte Brunelleschi avant de partir à la découverte des rues alentour, bordées de tours et de palais massifs, encore hantées par le souvenir d'un autre Toscan, Dante Alighieri, le père de la langue italienne. C'est donc un quartier riche d'histoire(s) qui vous attend. Un quartier qui invite aussi au lèche-vitrines, avec sa multitude d'échoppes et de boutiques…

Vue sur le Duomo

❶ DUOMO★★★ (CATTEDRALE SANTA MARIA DEL FIORE)

Cathédrale Santa Maria del Fiore

Voici la cathédrale de Florence ! Son vaste chantier, commencé en 1298, ne s'est achevé qu'en 1436 avec l'inauguration de la **coupole** ovoïde de Brunelleschi, véritable coup de génie, qui a fait du Duomo une référence pour les architectes du monde entier. Un escalier exigu ménagé entre les deux coques permet d'observer de près la prouesse architecturale. Bien sûr, pour la visiter, il faut s'armer de patience, mais le panorama depuis le sommet est superbe.

L'intérieur

Au-dessus du portail central, une **mosaïque de la Vierge** de Gaddo Gaddi recouvre la façade intérieure de l'édifice. Elle est éclairée par la lumière bigarrée des **vitraux** de Lorenzo Ghiberti. Un escalier conduit à la **crypte** de l'église Santa Reparata, du Xe s., elle-même construite sur une basilique paléochrétienne (Ve s.) dont on voit les fondations et les précieuses

Fresques de la coupole du Duomo, Giorgio Vasari et Federico Zuccari

mosaïques. On y a découvert la **tombe de Brunelleschi**. Dans la nef gauche figurent les portraits peints à fresque, par Paolo Uccello et Andrea Del Castagno, de deux *condottieri*. C'est par l'une des deux portes menant aux sacristies - surmontées de terres cuites de Luca Della Robbia - que Laurent le Magnifique put échapper aux meurtriers de son frère lors de la conjuration des Pazzi. C'était le 26 avril 1478, en plein office de Pâques (voir p. 57).

L'extérieur

Ce n'est qu'à la fin du XIXe s. qu'Emilio De Fabris réalisa l'actuelle façade en s'inspirant du projet initial d'Arnolfo Di Cambio et de Talenti, démoli en 1587. Sur la façade sud s'ouvre la **porte des Chanoines**, de style gothique, ornée de sculptures d'Ambrogio et de Tedesco. Au nord, la ravissante **porte de la Mandorle** est surmontée d'une *Assomption* de Nanni Di Banco, annonçant la Renaissance.

La coupole de Brunelleschi

Le casse-tête débute dès 1420, lorsque le célèbre architecte décide de combler l'énorme trou du transept, de 42 m de diamètre. Pour mener à bien son projet, il utilise un lourd lanternon en marbre qui, posé au sommet de la coupole à 100 m de haut, vient bloquer les poussées de la coupole nervurée à deux coques. Un procédé ingénieux qui permit d'élever la coupole progressivement sans échafaudages !

Piazza del Duomo • ☎ 055 23 02 885 • www.ilgrandemuseodelduomo.it
Cathédrale : lun.-ven. 10h-17h, sam. 11h-16h45, dim. et j.f. 13h30-16h45. Coupole : lun.-ven. 8h30-18h, sam. 8h30-17h, dim. 13h-16h (dern. entrée 40 min avant) • Résa obligatoire. Campanile : lun. et mer.-dim. 8h15-18h. Crypte : lun., mer. et ven. 8h15-19h, jeu. 10h-16h30, sam. 10h-16h45 • Billet combiné coupole, campanile, crypte, baptistère et musée : 15 € ; entrée gratuite pour la cathédrale seulement (longue attente à prévoir).

❷ MUSEO DELL'OPERA DI SANTA MARIA DEL FIORE**

Musée des Œuvres de Santa Maria del Fiore

Autrefois, ce bâtiment servait à stocker les matériaux du grand chantier de la cathédrale et abritait les sculptures issues des différents projets de décoration extérieure. Converti en musée depuis 1891, il vient d'être remarquablement restauré. Des maquettes en bois de la coupole aux différents projets de façade, vous y apprendrez tout de la genèse du Duomo ! À ne surtout pas manquer : la *Pietà* de Michel-Ange.

Le rez-de-chaussée

Parmi différents éléments de décoration extérieure, vous découvrirez une reconstitution exacte de la façade originale du Duomo telle que l'avait conçue Arnolfo Di Cambio (1298), et les panneaux restaurés de la **porte du Paradis** du baptistère. Avant d'arriver dans la cour, des panneaux relatent l'histoire de la cathédrale. C'est dans cette cour que Michel-Ange sculpta son *David*.

Pietà, Michel-Ange

La salle 10

Elle vous réserve une merveille inestimable, la ***Pietà*** de Michel-Ange, exécutée à l'âge de 80 ans. Une œuvre majeure, dans laquelle l'artiste prête ses traits à Nicodème, qui soutient le corps du Christ. Destinée à sa propre tombe, il va sans dire que cette sculpture excelle en maturité.

Le premier étage

La salle 14 abrite d'admirables **bas-reliefs** du campanile, dont la *Création d'Adam*, les *Travaux des champs* et la *Navigation* exécutés entre 1337 et 1343 par le célèbre sculpteur Andrea Pisano. Les **tribunes** de Donatello et de Luca Della Robbia, autrefois présentées au dessus des portes des sacristies du Duomo, courent aujourd'hui sur les murs de la **salle des *cantorie*** (salle 23). De toutes les statues exposées, la plus émouvante est probablement la *Marie-Madeleine* (1455) de Donatello. Extrêmement frêle et pathétique, elle est l'expression même du mysticisme et de la foi.

Piazza del Duomo, 9 • ☎ 055 23 02 885 • www.ilgrandemuseodelduomo.it • T.l.j. 9h-19h30 (dernière entrée 18h20) ; f. 1er janv., 6 janv., 25 déc. et 1er mar. du mois • Entrée : 15 € (billet combiné coupole, campanile, crypte, baptistère et musée).

❸ CAMPANILE DI GIOTTO★★

Campanile de Giotto

Les courageux qui gravissent les 414 marches menant au sommet de cette majestueuse tour sont récompensés par une vue magnifique. Ceux qui les attendent en bas auront le loisir de contempler l'un des plus beaux campaniles d'Italie. Pas besoin de jumelles pour observer les 28 **bas-reliefs** de marbre illustrant les Travaux humains et le Savoir : les originaux sont exposés au Museo dell'Opera di Santa Maria del Fiore (voir p. 25).

Détail d'un panneau en bronze sur la porte du Paradis

Piazza del Duomo • ☎ 055 23 02 885 • www.ilgrandemuseodelduomo.it • Lun. et mer.-dim. 8h15-18h50, mar. 10h30-18h50 • Entrée : 15 € (billet combiné coupole, campanile, crypte, baptistère et musée).

❹ BATTISTERO★★★

Baptistère

C'est dans cet énorme baptistère octogonal, édifié sur les vestiges d'une construction romaine, que les nouveau-nés devenaient des Florentins à part entière au cours d'une cérémonie qui avait lieu deux fois l'an. L'intérieur, véritable écrin de marbres polychromes et de mosaïques d'or, est desservi par trois portes monumentales en bronze. Les portes sud et nord sont très belles, mais la plus resplendissante est assurément la **porte du Paradis,** dont les panneaux restaurés sont aujourd'hui conservés au Museo dell'Opera del Duomo (voir p. 25).

La porte Sud

Cette porte constitue le premier monument exécuté en bronze à Florence, en 1330, par Andrea Pisano. Il conçut ses modèles en cire avant la réalisation définitive. Elle est divisée

❺ Pause pâtisserie chez Da Scudieri

Depuis le milieu du siècle dernier, ces pâtisseries maison rendent la vie douce aux Florentins. À goûter sur place dans le petit salon de thé ou à emporter : la *cassata,* spécialité florentine faite de biscuit et de chocolat (servie de septembre à mai), *cannoli,* palmiers, *occhi di bue* (sablés aux fruits), *cantucci* (croquants aux amandes).

Piazza di San Giovanni, 19 R • ☎ 055 21 07 33 • www.scudieri.eu • T.l.j. 7h-23h • *Espresso* : 4 € ; pâtisserie : à partir de 2,50 € (moins cher au comptoir ou à emporter).

en 28 compartiments dont 20 illustrent la vie de saint Jean-Baptiste, patron de Florence. Les scènes se lisent de haut en bas et de gauche à droite.

La porte Nord

La réalisation de cette porte fut confiée en 1401 au jeune orfèvre florentin Lorenzo Ghiberti à la suite du concours qui l'opposait notamment à Brunelleschi. En concordance avec la porte Sud, l'artiste divisa les battants de la porte en 28 compartiments où s'insèrent, de manière très naturaliste, des scènes de la vie du Christ.

La porte Est, dite « porte du Paradis »

Divisée en 10 panneaux retraçant des épisodes de l'Ancien Testament, cette extraordinaire porte en bronze était autrefois couverte d'or. Elle constitue le chef-d'œuvre de Lorenzo Ghiberti, qui consacra 25 ans de sa vie à sa réalisation. Appliquant les règles mathématiques de la perspective chères à la Renaissance, Ghiberti atteint ici la perfection dans le rendu de la profondeur et du mouvement des foules. Admirée par les plus grands artistes, la porte du Paradis fut nommée comme telle par Michel-Ange.

❼ Pause avec vue à la Terrazza de La Rinascente

Rien de tel qu'une terrasse avec vue sur les toits de Florence pour une pause ! Au 5e étage du grand magasin La Rinascente s'étend un magnifique panorama sur la ville, avec une vue plongeante sur la piazza della Repubblica et une proximité impressionnante avec la coupole du dôme. La carte est plutôt chère (+ 1 € en terrasse), mais le spectacle et le calme le valent bien.

Piazza della Repubblica, 1 R • ☎ 055 28 36 12 • www.rinascente.it • Lun.-sam. 9h-21h, dim. 10h-20h30 • *Espresso* : 3 € ; jus de fruits : 5 €.

L'intérieur

Les mosaïques qui tapissent la **coupole** ont été réalisées aux XIIIe et XIVe s., notamment par Cimabue. Elles illustrent la Genèse, l'histoire de Joseph, la vie du Christ et celle de saint Jean-Baptiste. Les mosaïques de l'**abside** composent un remarquable Jugement dernier dominé par la figure du Christ (1371). À droite de l'autel, le tombeau de l'antipape Jean XXIII, déposé en 1418 et protégé des Médicis, fut sculpté par Donatello.

Piazza di San Giovanni • ☎ 055 23 02 885 • www.ilgrandemuseodelduomo.it • Lun.-mer. et ven. 8h15-10h15 et 11h15-18h30, jeu. et sam. 8h15-18h30, dim. 8h15-13h30 ; f. 1er janv., dim. de Pâques, 8 sept., 24 et 25 déc. • Entrée : 15 € (billet combiné coupole, campanile, crypte, baptistère et musée).

6 PIAZZA DELLA REPUBBLICA*

Flanqué d'un pompeux arc de triomphe, ce vaste quadrilatère agrémenté des terrasses des grands **cafés** Paszkowski et Gilli (voir p. 95) est caractéristique du XIXe s., époque du *Risanamento*, quand Florence rêvait d'être la capitale de l'Italie unifiée. Dans ce projet mégalomane ont été engloutis le vieux marché médiéval et le ghetto, établis à l'emplacement du forum romain, ainsi que plusieurs dizaines de superbes palais. Un **marché aux fleurs** éclot tous les jeudis sous les arcades (10h-19h).

Piazza della Repubblica

8 ORSANMICHELE**

Église Orsanmichele

À l'origine, l'édifice abritait les réserves de blé de la ville. À la fin du XIVe s., la loggia située au rez-de-chaussée fut transformée en **église** décorée de fresques et d'un monumental tabernacle signé Andrea Orcagna. Le **musée** (lun. 10h-17h, sam. 10h-12h30), situé aux 1er et 2e étages, conserve des sculptures originales (remplacées par des copies dans l'église) de grands maîtres.

Via dell'Arte della Lana ☎ 055 28 49 44 • www.bargellomusei.beniculturali.it • T.l.j. 10h-17h • Entrée gratuite.

❾ CONGREGAZIONE DEI BUONOMINI DI SAN MARTINO★★

Congrégation des Bons Hommes de San Martino

Un endroit secret décoré de **fresques** exécutées par l'atelier de Ghirlandaio. Elles représentent les bonnes actions d'hommes pieux qui s'occupaient des malades et des orphelins, et qui distribuaient le pain aux pestiférés à travers une ouverture ménagée dans le mur.

Piazza San Martino • ☎ 055 28 12 59 • www.buonominidisanmartino.it • Lun.-sam. 10h-12h et 15h-17h, sf ven. ap.-m. ; f. dim. et fêtes • Entrée gratuite (dons).

❿ CASA DI DANTE

Maison de Dante

L'auteur de *La Divine Comédie* (1302), premier ouvrage en italien, serait né dans cette maison aux allures médiévales, qui n'a conservé, hélas, aucun souvenir du poète. La visite n'est pas passionnante, mais on y apprend que Dante a aperçu pour la première fois son amour impossible, Béatrice Portinari, dans l'église Santa Margherita en face.

Via Santa Margherita, 1 • ☎ 055 21 94 16 • www.museocasadidante.it • Avr.-sept. : t.l.j. 10h-18h ; oct.-mars : mar.-dim. 10h-17h • Entrée : 4 €.

⓫ BADIA FIORENTINA★★

Abbaye florentine

Signalée par son campanile romano-gothique, l'église a reçu au XVIIe s. un superbe plafond en bois sculpté. À l'intérieur, on voit le chef-d'œuvre de Mino Da Fiesole, le **tombeau d'Ugo**, marquis de Toscane, et une **Vierge** peinte par l'artiste toscan Filippino Lippi.

Via del Proconsolo, 3, entrée par le cloître via Dante Alighieri • ☎ 055 26 44 02 • Lun. 15h-18h • Entrée : 3 €.

⓬ MUSEO DEL BARGELLO★★★

Musée du Bargello

Cette sévère construction médiévale, qui servit de prison durant trois siècles, était le siège du *bargello*, le « chef de la police » en quelque sorte. Elle accueille aujourd'hui un musée de Sculptures toscanes des XIVe-XVIIe s. Autour du *Bacchus ivre* de Michel-Ange, vous y retrouverez tous les grands noms de la Renaissance, parmi lesquels Donatello, Benvenuto Cellini, Filippo Brunelleschi, Ghiberti et Giambologna.

Cour et rez-de-chaussée

Pour oublier l'austérité de la cour, qui servait autrefois aux exécutions, allez admirer l'attendrissant *Petit Pêcheur napolitain*, de Vincenzo Gemito, exposé au milieu des sculptures de Bartolomeo Ammannati et de Vincenzo Danti. La **salle de sculpture du Cinquecento** abrite de nombreux chefs-d'œuvre disposés par ordre chronologique. De Michel-Ange : *Bacchus ivre*, la première sculpture importante de l'artiste alors âgé de 21 ans ; *David-Apollon* (1532) ou *Brutus*, qui représente le meurtre de César. À voir également : *Mercure*, rayonnant de grâce, de Giambologna.

Premier étage

Surplombant la cour, la **loggia** abrite des sculptures toscanes du XVIe au XVIIe s. et notamment des bronzes d'animaux de Giambologna. Dans l'ancienne **salle du Conseil municipal,** quelques merveilles sont à découvrir : *David* par Donatello (le premier nu de la Renaissance), ainsi que les célèbres panneaux en bronze de Brunelleschi et de Lorenzo Ghiberti réalisés à l'occasion du concours de 1401 pour la seconde porte du baptistère.

Deuxième étage

Pour découvrir les maîtres de la **terre cuite émaillée,** rendez-vous dans les salles consacrées à la famille Della Robbia. Enfin, la **collection d'armes et d'armures** du XVe au XVIIe s. présente une multitude de pièces surprenantes.

Via del Proconsolo, 4 • ☎ 055 23 88 606 • www.bargellomusei.beniculturali.it • De Pâques à oct. : t.l.j. 8h15-17h ; de nov. à Pâques : t.l.j. 8h15-13h50 ; f. 1er, 3e et 5e lun. du mois, 1er janv., 1er mai et 25 déc. • Entrée : 4 € ou 9 € lors des expositions temporaires (frais de 3 € avec résa) ; gratuite 1er dim. du mois.

Museo del Bargello

⓭ MUSEO DI ANTROPOLOGIA**

Musée d'Anthropologie

L'ancien palais des Strozzi, jamais achevé - d'où son appellation de *palazzo non finito* -, abrite l'une des plus riches collections anthropologiques d'Europe. Un passionnant voyage en Asie, en Afrique, en Amérique et en Océanie à travers des objets, parures et vêtements ethniques.

Via del Proconsolo, 12 • ☎ 055 27 56 444 • www.msn.unifi.it • Juin-sept. : jeu.-mar. 10h30-17h30 ; oct.-mai : lun.-mar. et jeu.-ven. 9h30-16h30, sam.-dim. 10h-16h30 ; f. 1er janv., Pâques, 1er mai, 15 août et 25 déc. • Entrée : 6 €.

La Renaissance florentine

Le Moyen Âge, secoué par les épidémies et les crises politiques et religieuses, prend fin au XIVe s., alors qu'une philosophie centrée sur l'homme émerge. L'humanisme ainsi qu'un ordre nouveau imposé par les Médicis provoquent un élan créateur à Florence, baptisé « Rinascimento ». Il va s'épanouir sur près de trois siècles, le Trecento (XIVe s.), le Quattrocento (XVe s.) et le Cinquecento (XVIe s.), avant de s'implanter à Rome.

UNE NOUVELLE VISION

Nourris par l'idéologie humaniste, la **redécouverte de l'Antiquité** et les fresques naturalistes de Giotto (1266-1337), architectes et sculpteurs voyagent à Rome pour y étudier les ruines. À l'instar de Brunelleschi et Donatello, ils fréquentent le Casino Mediceo, un atelier de sculpture en plein air situé derrière San Marco, pour observer les statues et reliefs antiques achetés par les Médicis. **Représenter le monde tel que l'œil le voit**, produire l'illusion parfaite d'une image en trois dimensions, telles sont les préoccupations des artistes de la Renaissance, inventeurs de la **perspective centrale**.

LA PREMIÈRE RENAISSANCE

Les portes en bronze du baptistère, ciselées par **Ghiberti** (1378-1455), et la coupole du Duomo de **Brunelleschi** (1377-1446) marquent le début de la Renaissance à Florence. Élève du premier et ami du second, **Donatello**

Michel-Ange, le génie solitaire

Formé par Ghirlandaio, Michelangelo Buonarroti (1475-1564) copie les fresques de Masaccio, étudie l'anatomie et se passionne pour la sculpture sous la protection de Laurent le Magnifique. Architecte, peintre, poète, mais avant tout sculpteur, il a semé des œuvres dans toute la ville, dont le colossal *David* (p. 59), la bibliothèque Laurentienne (p. 54), les tombeaux de Julien et Laurent de Médicis (chapelles médicéennes, p. 53), une *Pietà* (Museo dell'Opera del Duomo, p. 25), *Bacchus* et *Brutus* (Museo del Bargello, p. 30), *Génie de la Victoire* (Palazzo Vecchio, p. 37) et une *Sainte Famille* (Galleria degli Uffizi, p. 39) qui annonce le maniérisme. On découvre ses œuvres de jeunesse à la Casa Buonarroti (p. 66) et sa dernière demeure à Santa Croce (p. 64).

(1386-1466) révolutionne la sculpture avec son *David*, premier nu à l'antique de la Renaissance. Imprégné des règles de la perspective et de l'intensité expressive de Donatello, **Masaccio** (1401-1428) innove en intégrant ces nouveaux principes dans la peinture. Ses fresques de Santa Maria Novella (p. 48) et de la chapelle Brancacci (p. 71) vont influencer des générations de peintres, à commencer par **Uccello** (1397-1475), obnubilé par la géométrisation de l'espace, ou **Fra Angelico** (v. 1395-1455), qui assimile la perspective dans ses fresques gothiques de San Marco (voir p. 60).

Fresque de Fra Angelico, Convento di San Marco

Auteur de traités références, **Alberti** (1404-1472) applique aux façades de Santa Maria Novella et du palais Rucellai (p. 47) ses théories sur les règles des proportions de l'Antiquité classique.

L'APOGÉE DU QUATTROCENTO

Alors que le peintre **Ghirlandaio** (1449-1494) dresse le portrait de l'élite florentine à Santa Trinita (p. 44) et Santa Maria Novella (p. 48), **Botticelli** (1444-1510), le peintre favori des Médicis, dessine les contours souples et précis de la beauté féminine dans des toiles mêlant profane et sacré, mythologie et quête spirituelle. Ses chefs-d'œuvre ***La Naissance de Vénus*** et ***Le Printemps*** illuminent la Galleria degli Uffizi (p. 39) aux côtés des Vierges à la beauté païenne de son maître, **Filippo Lippi.** À l'inverse, **Léonard de Vinci** (1452-1519), formé dans l'atelier florentin de Verrochio, dissout les contours dans une atmosphère vaporeuse qu'il nomme *sfumato*. Deux autres génies de la Renaissance, **Raphaël** et **Michel-Ange**, se trouvent à Florence quand il entame le célèbre portrait de la ***Joconde***.

LE CINQUECENTO ET LE MANIÉRISME

Le dernier courant qui émerge à Florence exacerbe le style des grands maîtres de la Renaissance par l'usage de couleurs éclatantes, la déformation des corps et les mouvements ondulants (lignes serpentines). Les représentants de la *bella maniera* sont **Andrea Del Sarto** (1486-1531), maître de **Rosso Fiorentino** (1494-1540) et du **Pontormo** (1494-1556), puis **Bronzino** (1503-1572) – portraitiste des Médicis et auteur de la chapelle d'Éléonore (Palazzo Vecchio, voir p. 37) – et enfin **Vasari** (1511-1574), architecte de Cosme Ier à qui l'on doit l'invention du mot « Renaissance », le palais des Offices et le fameux corridor qui porte son nom (p. 38).

2 De piazza della Signoria AU PONTE VECCHIO

Restos & bistrots p. 96 | Bars, clubs & sorties p. 130 | Boutiques p. 160

À elle seule, la piazza della Signoria pourrait résumer toute l'histoire de la ville. Point de rencontre des Florentins depuis le Moyen Âge, elle est un véritable musée en plein air. Entre les figurants immobiles de la Loggia dei Lanzi, les salles richement décorées du Palazzo Vecchio et les trésors de la Galleria degli Uffizi, préparez-vous à un choc artistique !

1 PIAZZA DELLA SIGNORIA★★★

Aménagée sur le site d'anciens bains romains, la place de la Seigneurie fut tour à tour le lieu des réunions du peuple et des révolutions, le fief des martyrs et le décor des réjouissances florentines, avant qu'elle ne soit investie par les artistes de rue. Vous y croiserez une copie du *David* de Michel-Ange, un *Hercule* signé Bandinelli et un *Neptune* colossal d'Ammannati.

Fontaine de Neptune, piazza della Signoria

Sur la place

Non loin du Palazzo Uguccioni se dresse l'imposante **statue équestre** de Cosme Ier par Giambologna, qui rend hommage en 1595 au grand-duc de Toscane. À la base du monument sont décrits les grands moments de sa carrière.

À l'entrée du Palazzo Vecchio

La célèbre statue de *David* par Michel-Ange symbolise le courage des Florentins face à la tyrannie. L'original de cette œuvre, commanditée par la République, se trouve depuis 1873 à la Galleria dell'Accademia (voir p. 59). Située devant le Palazzo Vecchio depuis 1495, la statue de *Judith et Holopherne* de Donatello (original au Palazzo Vecchio) célèbre la fuite des Médicis et la création par le dominicain Jérôme Savonarole d'une république de la « vertu ».

La fontaine de Neptune

Cette fontaine fut exécutée en 1563 par le sculpteur florentin Bartolomeo Ammannati pour évoquer la vocation maritime de Florence. Face au dieu de la Mer, vous serez immanquablement séduit par l'air intimidé de Neptune

Statue équestre de Cosme Ier, Giambologna, piazza della Signoria

qui contraste avec sa stature colossale. Pour l'anecdote, sachez que c'est le premier nu à avoir été exposé sur une place publique.

❷ LOGGIA DEI LANZI** (OU LOGGIA DELLA SIGNORIA)

Sous la galerie voûtée adossée aux Offices, bâtie au XIVe s. pour accueillir les cérémonies publiques, des statues antiques et Renaissance montent la garde à la place des lansquenets impériaux (*lanzi*), terribles mercenaires venus rétablir le pouvoir des Médicis en 1527. On leur préfère de loin le *Persée* (1554) victorieux de Cellini et *L'Enlèvement d'une Sabine* (1583) de Giambologna.

❸ GUCCI MUSEO**

Musée Gucci

Le musée retrace l'histoire de Guccio Gucci, jeune Florentin engagé comme groom au Savoy Hotel de Londres, et qui s'inspire du style de l'aristocratie anglaise pour créer ses premiers sacs. Du foulard Flora, dessiné pour Grace Kelly, aux robes taillées pour les tapis rouges, ce musée, logé dans un palais Renaissance, livre une petite rétrospective des créations icônes de la célèbre maison florentine.

Piazza della Signoria, 10
• ☎ 055 759 23 300
• www.guccimuseo.com
• F. au public pour restauration.

❹ PALAZZO VECCHIO***

Avant de s'installer de l'autre côté de l'Arno, les grands-ducs de Toscane résidaient dans cet imposant palais édifié au XIIIe s. par Arnolfo Di Cambio sur les ruines d'une demeure de la famille Uberti. Appelé « palais Vieux » (Palazzo Vecchio) par opposition au palais Pitti, il cache derrière ses allures de forteresse une gracieuse cour d'entrée, redécorée à l'occasion du mariage de François de Médicis, et, au deuxième étage, de somptueux appartements.

La cour de Michelozzo

Au centre de la cour, transformée en élégant portique par Michelozzo en 1453, se dresse la **fontaine** de porphyre ornée d'une copie d'une statue en bronze de Verrocchio, *Génie ailé tenant un dauphin* (1476). L'original se trouve sur la terrasse de Junon, à l'intérieur du palais.

Le premier étage

L'impressionnant **salon des Cinq-Cents**, créé par Savonarole pour accueillir les réunions du Conseil de la République, fut transformé en salle d'audience par les Médicis. Recouvert de peintures et de fresques à la gloire de Florence et des Médicis, il aligne deux rangées de sculptures parmi lesquelles se détache le *Génie de la Victoire* de Michel-Ange.

Le deuxième étage

Il abrite les appartements des **Éléments** (en cours de restauration), quartiers de Cosme Ier et de son épouse,

Salon des Cinq-Cents, Palazzo Vecchio

ornés de fresques mythologiques (admirez la vue depuis la terrasse de Saturne), où se niche une chapelle peinte par Bronzino, chef-d'œuvre du maniérisme florentin. Viennent ensuite les **appartements** des Prieurs et la **chapelle** peinte par Ghirlandaio, la **salle d'audience,** le **hall des Lys** qui conserve l'original de *Judith et Holopherne* de Donatello et la **salle des Cartes,** où une cinquantaine de cartes géographiques donnent un aperçu des connaissances au XVIe s.

Parcours archéologique et tour

Les ruines d'un théâtre romain datant du Ier s. av. J.-C. sont à découvrir sous les fondations du palais. Pour ceux qui préfèrent prendre de la hauteur, l'impressionnante tour de 95 m, conçue par Arnolfo Di Cambio, offre un chemin de ronde avec vue imprenable sur la ville.

Piazza della Signoria
• ☎ 055 27 68 224 ou ☎ 055 27 68 325
• www.museicivicifiorentini.comune.fi.it
Musée et parcours archéologique : avr.-sept., ven.-mer. 9h-23h ; oct.-mars, ven.-mer. 9h-19h ; 14h jeu. et j.f. en sem. **Tour :** avr.-sept., ven.-mer. 10h-21h ; oct.-mars, ven.-mer. 10h-17h ; jeu. 9h-14h, f. 1er janv., Pâques et 25 déc. • Entrée : 10 € musée ; 14 € musée et parcours archéologique ; 10 € tour et chemin de ronde ; 18 € billet combiné.

❺ CORRIDOIO VASARIANO★★

Corridor de Vasari

Commandé à l'architecte de la cour Giorgio Vasari en 1565, ce corridor aérien permettait à Cosme Ier de se rendre rapidement et à l'abri de la foule de ses bureaux à

Corridoio Vasariano et Ponte Vecchio

son palais ! Partant de la galerie des Offices, elle-même reliée au Palazzo Vecchio par un pont aérien, la galerie privée, agrémentée de tableaux de maîtres, longe l'Arno avant de l'enjamber par le Ponte Vecchio, puis se fond dans les bâtisses de l'Oltrarno pour terminer au Palazzo Pitti.

Via della Ninna, 5 • Réouv. prévue le 27 mai 2018 • Rens. auprès de l'agence Florencetown : ☎ 055 28 11 03 • www.florencetown.com

❻ GALLERIA DEGLI UFFIZI★★★

Galerie des Offices

On doit au frivole François de Médicis d'avoir peu à peu transformé, à partir de 1581, les bureaux (*uffizi*) du grand-duché de Toscane en galerie d'art. Un décor grandiose pour de nombreux chefs-d'œuvre de l'art italien signés Botticelli, Uccello, Léonard de Vinci, Titien, Caravage et Raphaël. Pour éviter les longues heures d'attente, réservez votre billet (voir p. 198).

Le Duecento et Giotto (salle 2)

La visite commence au 2e étage par une salle dédiée à la peinture toscane du XIIIe s., qui réunit les madones des primitifs toscans Cimabue, Giotto et Duccio Di Buoninsegna.

Le Trecento siennois (salle 3)

L'école de Sienne du XIVe s. est représentée par une magnifique

Hercule et Cacus, Bandinelli

Annonciation de Simone Martini et la *Purification de la Vierge* par Ambrogio Lorenzetti.

La première Renaissance (salle 8)

Règles de la perspective et expressions humanistes sont introduites dès les années 1450-1460 dans la *Bataille de San Romano* de Paolo Uccello (fameuse victoire florentine sur les Siennois en 1432) et dans *La Madone et l'enfant avec deux anges* de Filippo Lippi, qui inspira le jeune Botticelli.

Botticelli (salles 10-14)

On y admire ses deux chefs-d'œuvre, *Le Printemps* et

Ponte Vecchio

La Naissance de Vénus, odes à la nature et à la beauté féminine, et premières grandes œuvres profanes de la Renaissance italienne. Ne manquez pas, salle 15, le triptyque *Portinari* d'Hugo Van der Goes qui exerça une forte influence sur Botticelli.

Michel-Ange (salle 35)

Parmi les peintures de la seconde Renaissance florentine (XVIe s.) se détache le célèbre *Tondo Doni* de Michel-Ange représentant la Sainte Famille avec des nus masculins en arrière-plan.

Au 1er étage

Certaines salles sont affectées à des expositions temporaires, mais la salle 61 vous montrera le meilleur de Pontormo, la 65 vous réserve d'intéressants portraits des Médicis par Bronzino et la 66 fait la part belle à Raphaël avec sa *Madone à l'enfant*. Un long parcours qui finit en beauté par Léonard de Vinci (salle 79) et Caravage (salle 90).

Piazzale degli Uffizi, 6 • ☎ 055 29 48 83 • www.uffizi.it • Mar.-dim. 8h15-18h50 ; f. 1er janv., 1er mai et 25 déc. • Entrée : 8 €, 13 € avec l'exposition temporaire ; gratuite 1er dim. du mois • Résa conseillée (frais de 4 €) par tél. ou sur www.b-ticket.com/b-ticket/uffizi

7 MUSEO GALILEO★★

Musée de Galilée

Le Palazzo Castellani (XIVe s.) rassemble les collections d'instruments scientifiques réunis par les Médicis et les Lorraine, protecteurs des sciences. Astrolabes, sphères armillaires, globes terrestres, compas, microscopes ou machines électrostatiques qui faisaient sensation dans les salons du XVIIIe s., plus de 1 000 objets sont exposés. On y découvre surtout les seuls instruments de Galilée parvenus jusqu'à nous, dont la lunette de télescope qui permit la découverte des satellites de Jupiter, baptisés « planètes médicéennes » en hommage à ses mécènes.

Piazza dei Giudici, 1 • ☎ 055 26 53 11 • www.museogalileo.it • Mar. 9h30-13h, mer.-lun. 9h30-18h ; f. 1er janv. et 25 déc. • Entrée : 9 €.

❾ PONTE VECCHIO★★★

Alourdi d'échoppes où les orfèvres ont remplacé les bouchers au XVIe s., le plus vieux pont de Florence (XIVe s.) est toujours autant photographié et fréquenté par une foule cosmopolite. Il fut le seul pont de la ville épargné par les Allemands en 1944 (les autres furent détruits pour empêcher l'entrée des troupes américaines) et doit son salut à l'étroitesse de sa voie qui rendait impossible le passage des chars.

❽ Pause *aperitivo* All'Antico Vinaio

Au comptoir de cette petite *enoteca*, faites comme les habitués qui se servent un verre, puis un deuxième... sous le regard attentif et bienveillant du patron. Plus de 100 vins dans cette échoppe où l'on dévore des sandwichs délicieux préparés avec les produits de l'*osteria* d'en face tenue par la même famille. Ambiance détendue et conviviale assurée.

Via dei Neri, 65 R • ☎ 055 23 82 723 • T.l.j. 10h-23h • Verre de vin : à partir de 2 €.

3 Autour de LA VIA DE' TORNABUONI

Restos & bistrots p. 97 | Bars, clubs & sorties p. 132 | Boutiques p. 161

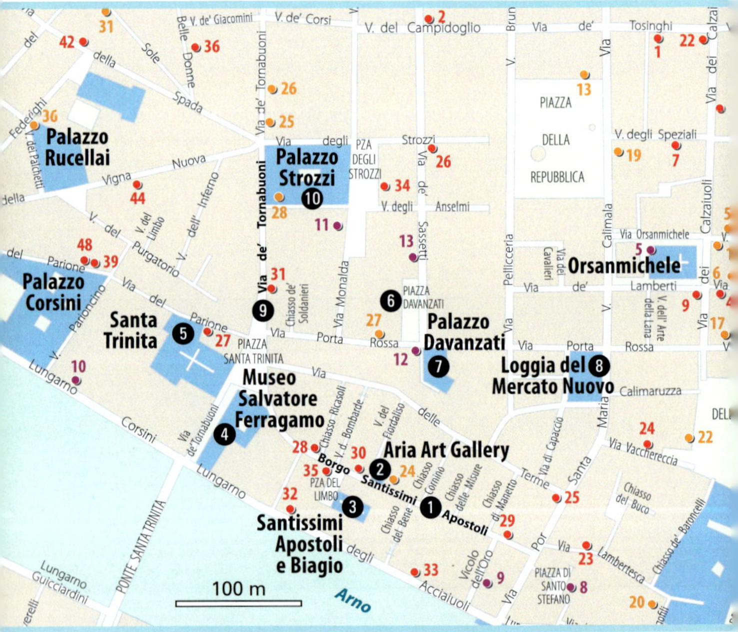

Et si vous vous aventuriez dans le Borgo Santissimi Apostoli ? Cet ancien faubourg, construit en dehors du premier cercle des remparts de la ville, devrait vous plaire avec ses ruelles intimes qui semblent tout droit sorties du Trecento. Tôt ou tard, elles vous conduiront vers un tout autre monde, nettement plus frénétique : la via de' Tornabuoni, qu'il faut arpenter au moins une fois pour égrener ses luxueuses vitrines de stylistes et de joailliers. C'est la plus... fashion victim de toutes les rues de Florence !

❶ BORGO SANTISSIMI APOSTOLI**

Un îlot médiéval où il fait bon se perdre au hasard de ruelles et d'impasses avec passages obscurs et passerelles jetées d'une tour à l'autre. C'est la Florence des guelfes et des gibelins qui, à l'ombre des maisons-tours et des vieux palais, résonne encore des cris des luttes sanguinaires que se livraient les familles nobles jusqu'à l'aube de la Renaissance.

❷ ARIA ART GALLERY*

Au fond d'un joli petit jardin et attenant au Palazzo Borgherini, la galerie Aria Art accueille des artistes contemporains de renommée internationale, mais aussi la nouvelle génération de créateurs italiens. Derrière les bananiers géants, les peintures, photographies et sculptures sont exposées dans une verrière intégrée au décor végétal.

Borgo SS. Apostoli, 40 R • ☎ 055 21 61 50 • www.ariaartgallery.com • Lun.-sam. 10h30-13h30 et 15h30-19h30.

❸ SANTISSIMI APOSTOLI E BIAGIO**

Église des Très-Saints-Apôtres

Perdue dans le labyrinthe de maisons médiévales, cette église romane possède un beau porche en marbre donnant sur une placette où l'on inhumait les enfants morts avant le baptême. À l'intérieur,

Borgo Santissimi Apostoli

on peut voir un tabernacle en terre cuite de Luca Della Robbia et des silex rapportés du Saint-Sépulcre par les croisés. Ils servent à allumer le feu sacré à Pâques, lors de la cérémonie du Scoppio del Carro (voir p. 16).

Piazza del Limbo • ☎ 055 29 06 42 • Mar.-sam. 9h30-12h et 16h-19h • Entrée gratuite.

❹ MUSEO SALVATORE FERRAGAMO**

Musée Salvatore-Ferragamo

C'est l'histoire de Salvatore, un petit Napolitain passionné par les belles chaussures, qui, une fois immigré aux États-Unis, a pour unique obsession d'imposer le

Museo Ferragamo

soulier-qui-chausse-bien. Devenu la coqueluche de Hollywood, où il chaussa les stars à l'écran puis à la ville, il fut un bottier très inventif, dont les créations de 1927 à 1960 sont divinement mises en scène lors d'expositions temporaires au Palazzo Spini-Feroni, siège des ateliers et de la boutique Ferragamo.

Piazza Santa Trinita, 5 R • ☎ 055 35 62 846 • www.ferragamo.com/museo • T.l.j. 10h-19h30 ; f. 1er janv., 1er mai, 15 août et 25 déc. • Entrée : 6 €.

❺ SANTA TRINITA★

Église de la Sainte-Trinité

Toute l'aristocratie florentine du XVe s. se presse autour de saint François et de Laurent le Magnifique dans la **chapelle Sassetti** décorée de fresques par Ghirlandaio autour d'une sublime *Adoration des bergers* (1485). Une vision peu ordinaire de la via de' Tornabuoni et des goûts vestimentaires de cette époque ! On aime aussi *L'Annonciation* de Lorenzo Monaco, qui trône dans l'une des chapelles latérales.

Piazza Santa Trinita • ☎ 055 21 69 12 • T.l.j. 8h-12h et 16h-17h45 (18h j.f.) • Entrée gratuite.

❻ Pause terroir à la Fattoria Rossi

La Fattoria Rossi offre une mini-terrasse idéale aux beaux jours pour déjeuner sur le pouce et déguster des produits du terroir. La carte est réduite – ne leur demandez pas de pizza ! –, mais les ingrédients, en provenance d'une ferme d'Émilie-Romagne, sont 100 % bio et tous plus savoureux les uns que les autres. On a testé le plateau (*tagliere*) de charcuterie et fromage à 10 € : c'était parfait !

Piazza de Davanzati, 3 R • ☎ 055 08 82 688 • www.fattoriarossifirenze.it • Mar.-sam. 12h-16h30 et 18h30-22h, dim. 12h-18h • Salade de la ferme : 7 € ; vin au verre : 3,50 €.

❼ PALAZZO DAVANZATI★★

L'antiquaire Elia Volpi, qui a restauré cette belle demeure médiévale, a réussi à travers des objets usuels, des meubles et des tapisseries à restituer l'atmosphère qui régnait ici à la Renaissance.

Via Porta Rossa, 13 • ☎ 055 23 88 610 • www.bargellomusei.beniculturali.it • T.l.j. 8h15-13h50 ; f. 2e et 4e dim. du mois, 1er, 3e et 5e lun. du mois et 1er janv., 1er mai et 25 déc. • Entrée : 6 € ; gratuite 1er dim. du mois.

❽ LOGGIA DEL MERCATO NUOVO*

Les marchands de fruits et de légumes ont déserté cette élégante loggia du XVIe s. et ont été remplacés par de nombreux étals de souvenirs... Tout cela sous le regard placide de *Il Porcellino,* un sanglier de bronze dont le groin a reçu moult caresses. **Il Porcellino** est aussi le nom d'un kiosque qui vend des paninis aux tripes, tandis que l'**Antica Farmacia del Cinghiale** (piazza del Mercato Nuovo, 4/5 R) vend des produits cosmétiques originaux. Via Porta Rossa.

❾ VIA DE' TORNABUONI***

Avec comme point de fuite l'élégant pont Santa Trinita, cette avenue piétonne bordée de majestueux palais est, depuis le XVe s., la voie la plus aristocratique de la cité. Fief des boutiques de luxe, des grands bijoutiers et de la haute couture italienne, on y croise des belles en strass et vison, des célébrités italiennes et étrangères, et des nababs de tous bords. C'est le *salotto di Firenze,* le salon de Florence !

Via de' Tornabuoni

❿ PALAZZO STROZZI**

Palais Strozzi

Les ambitions du banquier Filippo Strozzi, qui eut l'audace de se faire bâtir en 1489 un palais plus grand que celui des Médicis, furent vite étouffées. Après sa mort en prison à la Fortezza da Basso, ses descendants allèrent faire fortune à Lyon. Son palais n'en reste pas moins l'un des plus impressionnants de Florence. Aujourd'hui, il abrite un **centre d'art contemporain** et organise des expositions temporaires souvent intéressantes. Piazza degli Strozzi • ☎ 055 26 45 155 • www.palazzostrozzi.org • Lun.-mer. et ven.-dim. 10h-20h, jeu. 10h-23h • Entrée : 12 €.

4 Autour de SANTA MARIA NOVELLA

Restos & bistrots p. 99 | Bars, clubs & sorties p. 133 | Boutiques p. 166

Du quartier situé entre la gare et l'Arno, on ne retient bien souvent que l'église Santa Maria Novella. C'est dommage, car il est constellé lui aussi de palais-forteresses des grandes familles florentines (Corsini, Rucellai, Lenzi, etc.) et recèle de belles surprises. À commencer par la vénérable parfumerie de la via della Scala et le Museo Novecento, dédié à l'art moderne.

❶ MUSEO MARINO MARINI*

Musée Marino-Marini

C'est dans le cadre de l'église désaffectée San Pancrazio que sont exposées les œuvres du sculpteur Marino Marini. À partir du *Cavalier*, placé dans la belle lumière de l'abside, s'effectue un parcours initiatique et sentimental, des fraîches *Pomones*

(nymphes) aux *Jongleurs*. Un clin d'œil rafraîchissant à l'art contemporain dans cette ville Renaissance. La **chapelle Rucellai** (XIVe s.), récemment restaurée, contient plusieurs œuvres de Leon Battista Alberti (XVe s.).
Piazza San Pancrazio • ☎ 055 21 94 32 • www.museomarinomarini.it • Sam.-lun. 10h-19h, mer.-ven. 10h-13h, f. août • Entrée : 6 €.

❷ PALAZZO RUCELLAI*

Sa belle façade rythmée par des pilastres est devenue le modèle par excellence du palais Renaissance. Rien d'étonnant à cela, car son auteur, Leon Battista Alberti, passionné par l'Antiquité, était ce que l'on peut nommer un homme universel. Quant à la famille Rucellai, elle avait fait fortune dans le négoce de l'orseille (*oricello*), un colorant rouge violacé utilisé par les drapiers. Centre universitaire, le palais n'est malheureusement pas ouvert à la visite.
Via della Vigna Nuova, 18.

❸ MUSEO NAZIONALE ALINARI DELLA FOTOGRAFIA**

Musée national Alinari de la Photographie

Un musée qui comblera les nostalgiques de la pellicule ! Le parcours chronologique retrace l'histoire de la photographie depuis 1839, date de l'invention du daguerréotype, aux années 2010 et donne à voir un échantillon très

Palazzo Rucellai

éclectique de clichés du monde entier. Expositions temporaires consacrées à la photographie historique ou contemporaine. On peut acheter des reproductions issues des précieuses archives photographiques des frères Alinari.
Piazza di Santa Maria Novella, 14 A • ☎ 055 21 63 10 • www.mnaf.it • Encore f. au public pour rénovation au moment où ce guide était imprimé.

❹ MUSEO NOVECENTO*

Après l'inondation de 1966, qui détruisit une partie du patrimoine artistique de Florence, l'idée d'un centre d'art moderne naît, sous l'impulsion du critique d'art Carlo Ludovico Ragghianti. Cinquante ans plus tard, l'incarnation de la Renaissance qu'est Florence se dote enfin de ce musée tourné vers le XXe s. Sous les arcades d'un ancien hôpital du XIIIe s., s'entremêlent le mouvement de l'architecture radicale des années 1960, les peintures d'Alberto Magnelli (1888-1971) ou encore la collection du mécène Alberto Della Ragione (2e ét.), qui témoigne de l'entre-deux-guerres en Italie.

Piazza Santa Maria Novella, 10 • ☎ 055 27 68 224 • www.museonovecento.it • Avr.-sept. : sam.-mer. 11h-20h, jeu. 11h-14h, ven. 11h-23h ; oct.-mars : ven.-mer. 11h-19h, jeu. 11h-14h • Entrée : 8,50 €.

À fresque ou à sec ?

Pour peindre les *Scènes de la vie de saint Philippe* sur les murs de Santa Maria Novella et couvrir toutes ses dépenses matérielles (y compris l'achat de l'échafaudage, de la chaux et des couleurs), **Lippi** reçut en tout et pour tout de son commanditaire, Filippo Strozzi, 300 florins, une somme dérisoire quand on songe aux difficultés du chantier et au prix de certains pigments (à lui seul, le bleu de lapis-lazuli coûtait 4 florins l'once). Non seulement les fresquistes devaient supporter les désagréments de la poussière de plâtre, mais ils devaient travailler très rapidement pour poser les couleurs sur un enduit frais (*fresco*) avant qu'il ne sèche. Aucune erreur n'était possible. Les retouches ne pouvaient se faire qu'à sec avec des pigments d'une autre nature.

❺ CHIESA E CHIOSTRO DI SANTA MARIA NOVELLA***

Église et cloître de Santa Maria Novella

Les frères dominicains Sisto et Ristoro sont à l'origine de cette église du XIIIe s., célèbre pour sa façade dessinée par Alberti et pour les œuvres qu'elle renferme.

Santa Maria Novella

Cappella Tornabuoni, Ghirlandaio, Santa Maria Novella

Les trésors de Santa Maria Novella

Derrière la belle façade Renaissance, Giotto a laissé une croix peinte ; Masaccio une étonnante Trinité ; Filippino Lippi a signé les fresques de la **chapelle Strozzi ;** et Ghirlandaio, celles de la **chapelle Tornabuoni.** Avec ses cyprès et ses arcades rayées de noir et de blanc, le **chiostro verde** (cloître vert) est l'un des plus harmonieux de la ville. On y voit les extraordinaires scènes du Déluge peintes par Paolo Uccello.

Piazza di Santa Maria Novella • ☎ 055 28 21 87 • www.smn.it • Lun.-jeu. et sam. 9h-17h30, ven. 11h-17h30 (19h avr.-sept.) ; dim. 13h-17h (12h juil.-août) ; dernière entrée 45 min avant • Entrée : 5 €.

❻ Pause fraîcheur au Shake Café

Donnant sur la place Santa Maria Novella, ce café bio prend des allures de bistrot, où défilent smoothies colorés, salades de saison et autres cafés bien serrés. Une adresse qui détonne dans le quartier, avec son ambiance sympathique, ses prix raisonnables et surtout sa grande variété de produits. Cerise sur le gâteau, les glaces sont vraiment réussies !

Via degli Avelli, 2 R • ☎ 055 29 53 10 • www.shakecafe.bio • T.l.j. 7h-20h • Smoothies : 4-5 €.

❼ OFFICINA PROFUMO FARMACEUTICA DI SANTA MARIA NOVELLA★★★

Parfumerie et pharmacie de Santa Maria Novella

Voici l'ancienne chapelle des dominicains, qui ont transmis leurs secrets de fabrication d'essences, baumes et pommades parfumés à la famille Stefani en 1866. La **pharmacie** du XVIIIe s., avec sa collection d'alambics, de grimoires et de pots en céramique de Montelupo ainsi que la **sacristie** décorée de fresques par Mario Di Nardo sont les autres surprises de ce lieu intemporel. Vous pourrez y acheter savons à l'ancienne et eau de rose.

Via della Scala, 16 • ☎ 055 21 62 76 • www.smnovella.it • T.l.j. 9h-20h ; f. 14-16 août • Infos visites guidées gratuites : visiteofficina@smnovella.com

❽ CHIESA DI OGNISSANTI★★

Église de Tous-les-Saints

Dans cette église revue à la mode baroque au XVIIe s., les Vespucci avaient leur autel et leur pierre tombale. Ghirlandaio y a représenté le navigateur Amerigo Vespucci en compagnie de Simonetta, maîtresse de Julien de Médicis. Outre un *Saint Augustin* peint par Botticelli,

Officina Profumo Farmaceutica di Santa Maria Novella

ne manquez pas dans l'ancien réfectoire la *Cène* dont s'inspira peut-être Léonard de Vinci.

Borgo Ognissanti, 42
• ☎ 055 23 98 700
• www.chiesaognissanti.it
• Lun.-mar. et jeu.-dim. 9h30-12h30 et 16h-19h30, mer. 16h-19h30
• Entrée gratuite.

❾ PALAZZO LENZI-QUARATESI*

Ce palais du XVe s. est depuis 1909 le siège de l'**Institut français de Florence,** qui organise des concerts lyriques dans une belle salle ornée de fresques, des rencontres littéraires, des expositions d'artistes français et des cycles cinématographiques. S'y trouvent aussi les bureaux du consulat de France. Si vous êtes en panne de lecture, vous trouverez votre bonheur à la librairie française du rez-de-chaussée ou à la bibliothèque de l'Institut.

Piazza d'Ognissanti, 2
• ☎ 055 27 18 811
• www.institutfrancais.it/firenze
• Sept.-juin : lun.-ven. 9h30-13h et 14h-18h30, sam. 10h-13h ; juil. : lun., mar. et ven. 14h-18h30, mer.-jeu. 14h-19h30 • Entrée gratuite.

❿ ANTONELLA VILLANOVA GALLERY***

Cette galerie d'art logée dans le Palazzo Ricasoli expose les créations d'artistes italiens ou étrangers, jeunes ou confirmés, notamment des bijoux très design.

Palazzo Ricasoli, via del Parione, 47 R
• ☎ 055 26 08 559
• www.antonellavillanova.it
• Mar.-sam. 10h-13h et 15h-19h.

⓫ GALLERIA BAZZANTI**

L'ancien atelier du sculpteur Pietro Bazzanti, ouvert en 1822 a été repris par la plus grande fonderie d'Italie, Marinelli, dans les années 1960. Cette étonnante galerie aux airs de petit musée est envahie par plus de 5 000 sculptures antiques et Renaissance. Des copies, bien sûr, réalisées en taille réelle, en marbre de Carrare, ou sous forme de délicieux petits bronzes (env. 150 €).

Lungarno Corsini, 44-48 R
• ☎ 055 21 56 49
• www.galleriabazzanti.it
• Lun.-sam. 9h-12h30 et 15h30-19h30.

⓬ PALAZZO CORSINI**

Situé en bordure de l'Arno, avec ses terrasses ponctuées de statues, c'est l'un des plus beaux palais du baroque florentin, construit pour la famille Corsini. Les **salons** renferment une très belle collection qui compte des Filippino Lippi, Raphaël, Pontormo et autres chefs-d'œuvre moins connus.

Via del Parione, 11
• ☎ 055 21 28 80
• www.palazzocorsini.it
• Visite (lun.-ven.) sur résa uniquement : visite@palazzocorsini.it

5 San Lorenzo, FIEF DES MÉDICIS

Restos & bistrots p. 103 | Bars, clubs & sorties p. 135 | Boutiques p. 170

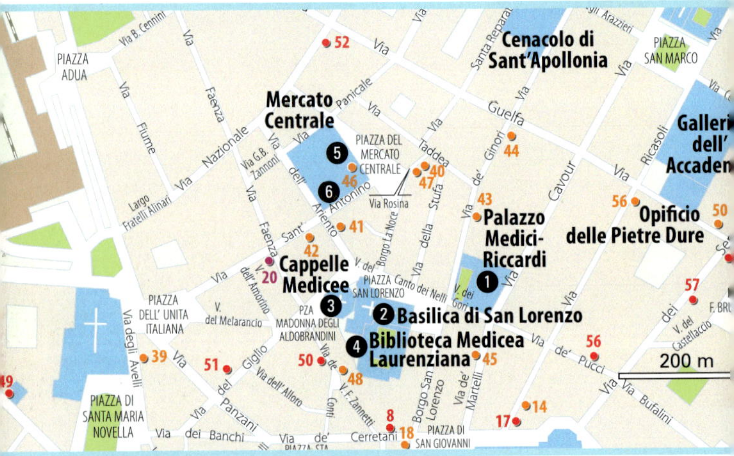

De la basilique paroissiale aux chapelles décorées par les plus grands artistes en passant par leur premier palais résidentiel, les Médicis ont laissé de nombreux souvenirs de leurs activités de mécènes humanistes dans ce quartier. Une balade historique à agrémenter d'une halte gourmande au Mercato Centrale.

❶ PALAZZO MEDICI-RICCARDI**

Un palais bien modeste et austère, à l'image de son commanditaire, Cosme l'Ancien. Bâti par Michelozzo au XVᵉ s., il abrite la merveilleuse **chapelle des Mages** peinte en 1459 par Benozzo Gozzoli, qui y dresse le portrait de famille des Médicis, de leurs amis et alliés sur fond de paysage toscan. On doit le **salon baroque** orné de fresques de Luca Giordano aux Riccardi, qui rachetèrent le palais en 1659.

Via Cavour, 3 • ☎ 055 27 60 340 • www.palazzo-medici.it • Jeu.-mar. 8h30-19h (f. billetterie à 18h30) • En cas d'affluence, visite de la chapelle par groupe de 10 pers. maximum ttes les 7 min • Entrée : 10 €.

La chapelle des Mages, Palazzo Medici-Riccardi

❷ BASILICA DI SAN LORENZO***

Basilique Saint-Laurent

La construction de l'ancienne paroisse des Médicis débuta au début des années 1420 avec Brunelleschi. À la demande du pape Léon X, Michel-Ange dessina une façade en 1516, mais le projet, trop coûteux, fut abandonné au profit de la construction du mausolée des Médicis. L'église paroissiale des Médicis renferme l'un des chefs-d'œuvre de la première Renaissance florentine : l'ancienne **sacristie de Brunelleschi,** aux proportions parfaites, décorée par Donatello de stucs polychromes et de frises de chérubins. La tombe de Donatello se trouve dans la **Cappella Martelli,** qui abrite aussi une *Annonciation* de Filippo Lippi (1450).

Piazza San Lorenzo • ☎ 055 21 40 42 • www.operamedicealaurenziana.org • Mars.-oct. : lun.-sam. 10h-17h, dim. 13h30-17h ; nov.-fév. : lun.-sam. 10h-17h • Entrée : 6 € ; 8,50 € le billet combiné avec la Biblioteca Medicea Laurenziana, voir p. 54).

❸ CAPPELLE MEDICEE***

Chapelles des Médicis

Deux esprits et deux époques se télescopent dans ce mausolée érigé à la gloire des Médicis : la

chapelle des Princes, luxueux écrin de marbres et de pierres semi-précieuses créé au XVIIe s. pour abriter les sarcophages des grands-ducs, et la poignante **chapelle inachevée** de Michel-Ange où reposent Laurent de Médicis et son fils Julien.

Piazza Madonna degli Aldobrandini, 6 • ☎ 055 29 48 83 • www.bargellomusei.beniculturali.it • T.l.j. 8h15-16h50 ; f. 1er, 3e, 5e lun. du mois, 2e et 4e dim. du mois, 1er mai et 25 déc. • Entrée : 8 € ; 11 € avec l'exposition temporaire ; gratuite 1er dim. du mois • Résa conseillée (frais de 3 €) par tél. ou sur www.b-ticket.com/b-ticket/uffizi

❹ BIBLIOTECA MEDICEA LAURENZIANA**

Bibliothèque Laurentienne

À la demande de Clément VII (Jules de Médicis), Michel-Ange dessine ce bâtiment pour abriter la bibliothèque privée des Médicis. On y accède par le **cloître de San Lorenzo** où un majestueux vestibule flanqué d'un escalier mène à la salle de lecture. Initiée par Cosme l'Ancien, enrichie par ses descendants (dont Laurent le Magnifique, qui lui a donné son nom), elle renferme un fonds inestimable de 11 000 manuscrits (écrits de Pline, Virgile, Plutarque, Léonard de Vinci...) dévoilés lors d'expositions temporaires.

Piazza San Lorenzo, 9 • ☎ 055 29 37 911 • www.operamedicealaurenziana.org • Lun.-ven. 9h30-13h30 • Entrée : 3 € ; 8,50 € le billet combiné avec la Basilica San Lorenzo.

❺ MERCATO CENTRALE**

Marché central

La grande halle de verre et d'acier fut construite au XIXe s. pour remplacer le vieux marché détruit

Mercato Centrale

lors de l'aménagement de la piazza della Repubblica (p. 29). Les stands se disputent les meilleures spécialités locales. Vous pourrez faire le plein de salami et de fromages chez Perini en prévision d'un pique-nique ou faire une halte chez un tripier (voir aussi encadré).

Piazza del Mercato Centrale
• Juin-août : lun.-ven. 7h-14h ; sept.-mai : lun.-ven. 7h-14h, sam. 7h-17h.

❻ Pause au marché chez Nerbone

Pendant votre balade gourmande au marché central, arrêtez vous chez Nerbone, spécialiste du *panino con bollito*, un sandwich farci de viande bouillie, et du *panino con lampredotto*, aux tripes de porc. Pour les estomacs moins aventureux, d'autres spécialités toscanes comme le risotto ou les escalopes aux artichauts figurent aussi au menu. Préparez-vous à faire la queue, car l'endroit est très populaire, et cela depuis 1872 !

Mercato Centrale • ☎ 339 64 80 251 • Lun.-sam. 7h-14h ; f. une sem. en janv. et trois sem. en août • Panini : 4 € ; plats chauds : 4-7 €.

La saga des Médicis

Nouveaux riches aux origines obscures, les Médicis deviennent, à force d'intrigues, les maîtres incontestés de Florence. Ces redoutables banquiers étaient aussi de fervents humanistes qui, par leur mécénat, ont contribué à faire de Florence la principale ville d'art de la Renaissance. Marchands élevés à la dignité de grands-ducs, ils donnèrent des papes et des cardinaux à l'Église ainsi que, par deux fois, des reines à la France.

BANQUIER DES PAPES

C'est **Giovanni Di Bicci** (1360-1429) qui est à l'origine de la fortune de la famille. Ses aïeux sont de rudes paysans du Mugello, établis vers la fin du XIIe s. dans le quartier de San Lorenzo. Dans cette paroisse, à laquelle les Médicis resteront fidèles, ils se font marchands puis usuriers. Giovanni, qui a des succursales à Gênes, Bruges, Venise et Rome, gère l'administration des finances pontificales tout en se livrant au négoce international de la laine, de l'étain et des produits de luxe. Il se fait un nom en politique en prenant soin de ne porter ombrage à personne. À sa mort, il laisse à son fils Cosimo une fortune de 178 221 florins et d'immenses biens immobiliers.

COSME, PÈRE DE LA PATRIE

Homme d'affaires avisé, **Cosme l'Ancien** (1389-1464) arrive à infléchir un État républicain attaché à ses libertés vers un principat de fait sinon de droit. Évitant tout signe extérieur de richesse (il fait tout de même construire le Palazzo Medici, p. 52), se proclamant simple citoyen, il n'occupe que rarement les plus hautes charges. Il élimine ses adversaires politiques par le bannissement et la confiscation de biens qui enrichissent

Médecins ou banquiers ?

Le blason des Médicis portait 11 besants à l'origine. Certains ont voulu voir dans les boules (*palle*) du blason des Médicis des pilules indiquant la présence de médecins (*medici*) ou d'apothicaires parmi leurs ancêtres. C'est d'ailleurs au cri de *palle !* que les clients des Médicis se jetaient dans la bagarre. Mais il est plus réaliste de penser que ces besants étaient des pièces d'or, emblèmes des banquiers. Le blason fut réduit à six besants dont un d'azur, meublé du lys de France, honneur conféré par Louis XI de France à Pierre le Goutteux.

les alliés des Médicis. On lui doit la découverte de Donatello, la création d'une bibliothèque au couvent San Marco et celle d'une collection de statues, reliefs et médailles antiques, qui servent de modèles aux artistes. C'est encore lui qui commande des fresques à Fra Angelico pour San Marco et à Gozzoli pour son palais, qui protège Filippo Lippi du pape et qui confie à Michelozzo la construction de ses nombreuses villas et de son palais. C'est lui qui a véritablement contribué à l'avènement de la Renaissance, une politique qui lui vaudra, à sa mort, le titre antique de *Pater Patriae*.

Statue équestre de Cosme Ier, piazza della Signoria

LAURENT LE MAGNIFIQUE

Le 1er janvier 1449, Lucrezia Tornabuoni donne naissance à **Lorenzo** (1449-1492), petit-fils de Cosme l'Ancien. Malgré un physique peu avantageux, yeux globuleux et mâchoire prognathe, celui qui incarne l'homme idéal des humanistes du Quattrocento est l'homme le plus raffiné qui soit. S'il aime la fête, les femmes, la poésie et l'art, il n'en reste pas moins impitoyable, n'hésitant pas à pendre aux fenêtres du Palazzo Vecchio les cadavres des Pazzi, auteurs d'un attentat qui coûta la vie à son frère Julien.

LE RETOUR DES MÉDICIS

En 1494, le moine **Savonarole** crée une république théocratique dans une Florence gagnée par le lucre et les plaisirs. Les Médicis sont chassés, mais reviennent renforcés en 1530 grâce aux papes **Léon X,** fils du Magnifique, et **Clément VII,** bâtard de Julien. En échange du royaume de Naples et du Milanais, **Charles Quint** offre Florence aux Médicis.

GRANDS-DUCS DE TOSCANE

Alexandre, fils naturel de Clément VII, ne se distinguera que par ses débauches et sa violence. Assassiné par son cousin **Lorenzo** (le *Lorenzaccio* de Musset), il laisse la place à **Cosme Ier** de Toscane (1519-1574), qui consolide l'alliance avec les Espagnols en épousant Éléonore de Tolède. Il muselle l'aristocratie, fait régner l'ordre à l'aide d'une police secrète et n'a de cesse d'être reconnu comme l'un des premiers princes d'Italie. **Catherine,** unique descendante directe du Magnifique, est mariée à l'âge de 16 ans à Henri, duc d'Orléans. La République florentine est morte.

6 San Marco et la Galleria DELL'ACCADEMIA

Restos & bistrots p. 106 | Bars, clubs & sorties p. 136 | Boutiques p. 171

Dans le petit quartier silencieux de San Marco, tout invite au recueillement. Près du couvent San Marco, orné des fresques mystiques de Fra Angelico, le paisible cloître urbain que forme la piazza della Santissima Annunziata offre l'image la plus achevée de la Renaissance, avec ses arcades signées Brunelleschi. C'est toutefois le majestueux *David* de Michel-Ange qui attire les foules, telle une Vierge miraculeuse, du côté de la galerie de l'Académie.

❶ GALLERIA DELL'ACCADEMIA***

Galerie de l'Académie

Fondée en 1563, l'Accademia - la toute première école d'Europe à enseigner la peinture, la sculpture et l'architecture - offre un parcours initiatique à travers l'art florentin du XIIIe s. à la Renaissance. Le clou de sa collection ? Le colossal *David* de Michel-Ange, qui impose sa perfection nue au beau milieu de la tribune. Pour éviter de longues heures d'attente, réservez votre billet.

La salle du Colosse

On y découvre *L'Enlèvement des Sabines* (1582) de Giambologna. À voir également, *L'Assomption* attribuée au Pérugin (1500), *La Vierge de la mer* de Sandro Botticelli (1480) et *L'Annonciation*, de son élève Filippino Lippi (1475).

La galerie des Captifs

On y admire entre autres les quatre statues inachevées de Michel-Ange destinées au tombeau du pape Jules II. Parmi les autres travaux de l'artiste, vous découvrirez l'ébauche du *Saint Matthieu*.

La tribune

À 29 ans, Michelangelo Buonarroti, dit Michel-Ange, devient le sculpteur le plus vénéré de Florence. Animé par cette volonté

David, Michel-Ange, Galleria dell'Accademia

de rompre avec la Renaissance traditionnelle pour mieux affirmer sa tendance baroque, il engendre le fameux *David* (1501-1504), taillé dans un étroit bloc en marbre de Carrare, qui trône sous la coupole.

La gypsothèque

À gauche de la tribune se trouve une importante collection de plâtres (« gypsothèque ») originaux du XIXe s. Ces ébauches qui servirent aux futures réalisations en marbre sont attribuées pour la plupart au sculpteur Lorenzo Bartolini.

Les salles des primitifs

Parmi les œuvres des XIIIe et XIVe s. exposées dans cette galerie, ne manquez pas l'*Arbre de vie* de Pacino Di Bonaguida (1310).

À voir aussi...

La galerie des instruments de musique, qui conserve violoncelles et pianoforte du XVIIe au XIXe s., ainsi que les salles du 1er étage pour les peintures religieuses et les manuscrits enluminés.

Via Ricasoli, 60 • ☎ 055 29 48 83 • www.galleriaaccademiafirenze.beniculturali.it • Mar.-dim. 8h15-18h50 ; f. 1er janv., 1er mai et 25 déc. • Entrée : 8 € ; 12,50 € avec l'exposition temporaire ; gratuite 1er dim. du mois • Résa conseillée (frais de 4 €) par tél. ou sur www.b-ticket.com/b-ticket/uffizi

❷ OPIFICIO DELLE PIETRE DURE*

L'Atelier des pierres dures

C'est Ferdinand de Médicis qui fonde, en 1588, cet atelier entièrement dédié à la taille des pierres dures en fines lamelles et à l'art de les juxtaposer en fonction de leur couleur et de leur texture pour les inclure sur un plateau de table ou de commode - des objets extrêmement coûteux, chaque pièce nécessitant entre 2 et 16 ans de travail ! Aujourd'hui converti en centre de restauration et en musée, l'atelier vous dévoilera non seulement ses plus belles pièces, mais aussi toutes les facettes de ce travail si virtuose.

Via degli Alfani, 78 • ☎ 055 21 87 09 ou ☎ 055 26 51 357 • www.opificiodellepietredure.it • Lun.-sam. 8h15-14h • Entrée : 4 €.

❸ CONVENTO E MUSEO DI SAN MARCO***

Couvent et musée de San Marco

En 1437, Cosme l'Ancien n'avait pas hésité à dépenser une petite fortune pour rénover le vieux couvent dominicain de Saint-Marc. La décoration fut confiée à l'un des moines, Fra Angelico, peintre très inspiré qui vous accueille, dès l'escalier menant aux cellules, par une inoubliable fresque : *L'Annonciation*.

Fra Angelico et la lumière

Fra Angelico influença la peinture florentine et l'art d'Occident. C'est dans un esprit religieux qu'il réalisa ces fresques, dont une centaine court sur les murs du couvent. Les jeux de lumière dépeignent la béatitude de celui qui mit son art au service de l'édifice.

Le cloître Saint-Antonin

Ce cloître porte le nom de l'archevêque de Florence, prieur de Saint-Marc, qui eut la brillante idée de faire travailler Fra Angelico aux côtés de l'architecte Michelozzo. Les fresques datant des XVIe et XVIIe s. retracent la vie du saint.

L'hospice des pèlerins

Cette vaste salle qui servait de refuge aux modestes pèlerins est entièrement consacrée aux œuvres de Fra Angelico : *Le Jugement dernier*, *La Descente de la croix*...

La salle du Chapitre

L'histoire dit qu'en peignant la superbe fresque de *La Crucifixion* Fra Angelico pleurait d'émotion dans la salle du Chapitre. Résultat : un chef-d'œuvre à l'expression mystique, incontournable.

Les cellules

Les cellules, situées au 1er étage, sont toutes ornées de fresques de Fra Angelico illustrant la vie du Christ. En haut de l'escalier, *L'Annonciation* (1450) vous ouvre les portes de l'univers mystique de la révélation.

La bibliothèque

Aménagée vers 1444, elle réunissait jusqu'en 1808 plus de 800 volumes, provenant pour la plupart de la collection du patricien humaniste Niccolò Niccoli : psautiers enluminés, manuscrits du XIVe au XVIe s. Michelozzo créa ainsi la première bibliothèque publique de toute l'Europe.

Piazza San Marco, 1/3 • ☎ 055 23 88 608 ou ☎ 055 29 48 83 • www.polomusealetoscana.beniculturali.it • Lun.-ven. 8h15-13h50, sam.-dim. 8h15-16h50 ; f. 1er, 3e, 5e dim. du mois, 2e et 4e lun. du mois, 1er janv. et 25 déc. • Entrée : 4 € ; gratuite 1er dim. du mois • Résa conseillée (frais de 3 €) par tél. ou sur www.b-ticket.com/b-ticket/uffizi

Crucifixion, détail de la Vierge pleurant Jésus, Fra Angelico, Convento di San Marco

❹ CENACOLO DI SANT'APOLLONIA**

Couvent de Sant'Apollonia

Une entrée discrète mène à l'ancien réfectoire des bénédictines, où vous pourrez contempler, dans un silence religieux, *La Cène* peinte vers 1450 par Andrea Del Castagno.

Via XXVII Aprile, 1 • ☎ 055 23 88 607 • T.l.j. 8h15-13h50 ; f. 1er, 3e et 5e dim. du mois, 1er janv., 1er mai et 25 déc. • Entrée gratuite.

❺ ORTO BOTANICO (GIARDINO DEI SEMPLICI)*

Jardin botanique (jardin des Simples)

S'articulant autour d'une vasque en marbre, ce jardin dessiné par Tribolo, auteur du jardin de Boboli (voir p. 70), était à l'origine planté d'espèces curieuses et inconnues, à l'image des collections naturalistes du XVIe s. C'est aujourd'hui un jardin botanique flanqué d'un arboretum, qui offre une halte paisible au cœur de la ville.

Via Pier Antonio Micheli, 3 • ☎ 055 27 56 444 • www.msn.unifi.it • Avr.-15 oct. : jeu.-mar. 10h-19h ; 16 oct.-mars : sam.-dim. 10h-16h ; f. 1er janv., 1er mai, Pâques, 15 août et 25 déc. • Entrée : 3 €.

❻ CHIESA DELLA SANTISSIMA ANNUNZIATA**

Église de la Très-Sainte-Annonciation

Construite au XVe s. par Michelozzo, l'architecte préféré de Cosme l'Ancien, cette basilique conserve, dans un temple en marbre, une fresque de l'Annonciation vénérée par les Florentins. L'atrium fut peint à fresque par Andrea Del Sarto et ses deux brillants élèves, Pontormo et Rosso Fiorentino.

Piazza della Santissima Annunziata ☎ 055 26 61 81 • T.l.j. 7h-12h30 et 16h-18h30 • Entrée gratuite.

Spedale degli Innocenti

❼ MUSEO ARCHEOLOGICO**

Musée archéologique

Très fiers de leurs ancêtres étrusques, les Toscans, Médicis en tête, collectionnent depuis la Renaissance les témoignages de cette brillante civilisation, parmi lesquels les urnes cinéraires et la fameuse chimère d'Arezzo (1er ét., salle 16). L'art grec avec le grand vase François (VIe s. av. J.-C.), l'art romain et l'art égyptien sont aussi bien représentés.

Piazza della Santissima Annunziata, 9 B • ☎ 055 29 48 83 • www.musei.firenze.it • Mar.-ven. 8h30-19h, sam.-lun. 8h30-14h, 1er et 3e dim. du mois 8h30-14h ; f. 1er janv., 1er mai et 25 déc. • Entrée : 4 € ; gratuite 1er dim. du mois • Résa conseillée (frais de 3 €) par tél. ou sur www.b-ticket.com/b-ticket/uffizi

❽ SPEDALE DEGLI INNOCENTI*

Hôpital des Innocents

Les enfants emmaillotés qui ornent les médaillons de la loggia rappellent l'ancienne vocation de cet établissement qui se chargeait de l'éducation des orphelins. Le complexe, conçu par Brunelleschi au cours du XVe s., abrite aujourd'hui une galerie de peintures (signées Botticelli, Ghirlandaio...), des archives historiques et un joli café panoramique, le Verone (p. 107).

Piazza della Santissima Annunziata, 12 • ☎ 055 20 371 • www.istitutodeglinnocenti.it • T.l.j.10h-19h • Entrée : 7 €.

❾ Pause-café au Brunellesco

Voici un joli petit café, proche de la fac d'art et d'histoire, fréquenté par les locaux. Les Florentins s'attablent sur une petite terrasse à l'ombre, pour grignoter une pâtisserie et profiter du cadre magnifique de la rue Alfani. Le midi, on déjeune de paninis ou de salades sur le pouce.

Via degli Alfani, 69 R • ☎ 349 23 25 025 • www.brunellesco.it • Lun.-ven. 7h-19h • Pâtisserie : env. 2,50 € ; panini : env. 4 €.

7 De Santa Croce À SANT'AMBROGIO

Restos & bistrots p. 108 | Bars, clubs & sorties p. 136 | Boutiques p. 172

Autrefois quartier des tanneurs et des teinturiers, Santa Croce conserve sa tradition du cuir - à découvrir à la Scuola del Cuoio - et du commerce, avec ses deux marchés authentiques, le Mercato Sant'Ambrogio et le Mercato delle Pulci. En juin, l'animation est à son comble avec le Calcio Storico (voir p. 17), qui se déroule sur la piazza di Santa Croce.

❶ SANTA CROCE***

Église Sainte-Croix

À l'endroit où la foule écoutait la prédication des franciscains fut érigée une basilique gothique à la fin du XIIIe s. Construite sous la direction d'Arnolfo Di Cambio, elle est considérée comme la plus vaste église franciscaine du monde avec ses trois nefs et ses six **chapelles** embellies de fresques de Giotto et d'une *Annonciation* de Donatello. Sur le flanc sud de l'église, un petit **cloître** secret dessiné par Filippo Brunelleschi s'ajoute à la **Cappella dei Pazzi,** joyau parfait du Quattrocento, et à un cloître aux graciles colonnes. Le **réfectoire** a été transformé en musée des Œuvres rescapées de la terrible crue de 1966, dont le *Crucifix* de Cimabue. L'église abrite les **tombeaux** de Michel-Ange, Bruni, Ghiberti, Léonard de Vinci et d'autres gloires de la Renaissance, ce qui lui a valu le surnom de « Panthéon florentin ».

Entrée largo Bargellini (via di San Giuseppe) • ☎ 055 24 66 105 • www.santacroceopera.it • Lun.-sam. 9h30-17h30, dim. et j.f. 14h-17h30 (dernière entrée 17h) ; f. 1er janv., Pâques, 13 juin, 4 oct., 25 et 26 déc. • Entrée : 6 €.

❷ SCUOLA DEL CUOIO★★

L'École du cuir

Logé dans l'ancien dortoir de l'église Santa Croce, cet atelier de maroquinerie fut fondé par les franciscains. Il est depuis 1950 le phare du savoir-faire florentin, transmis par une dizaine de maîtres à leurs apprentis. Fournisseur officiel du roi du Maroc et de la cour d'Angleterre pour les garnitures de bureau, l'atelier produit des

Piazza di Santa Croce

articles de maroquinerie et des sacs de collection personnalisés par Francesca Gori (300-4 000 €).
Via di San Giuseppe, 5 R • ☎ 055 24 45 33/34 • www.scuoladelcuoio.com • De Pâques à fin nov. : t.l.j. 10h-18h • Visite guidée technique (en italien ou en anglais) sur résa : 16 € ; visite guidée simple gratuite selon disponibilité du personnel.

❸ MUSEO HORNE*

Cet élégant palais du XVe s. fut racheté en 1911 par Herbert Percy Horne, un Britannique installé à Florence, pour y entreposer sa collection de sculptures, peintures et meubles des XIVe et XVe s.
Cet historien de l'art y a reconstitué avec soin l'intérieur typique d'une maison florentine du Quattrocento, dont les salles donnent à voir des œuvres de Giotto, Filippo Lippi, Giambologna et Masaccio.
Via de Benci, 6 • ☎ 055 24 46 61 • www.museohorne.it • Jeu.-mar. 10h-14h • Entrée : 7 €.

❹ CASA BUONARROTI*

Maison Buonarroti

La visite de l'ancienne demeure de Michel-Ange, Florentin d'origine, vaut surtout par la qualité des dessins du maître ainsi que par quelques figurines en terre cuite, prémices de son œuvre sculptée. Deux œuvres de jeunesse, *La Vierge à l'escalier* et *La Bataille des centaures*, montrent la richesse de son répertoire, qui fluctuera sans cesse de la sérénité à la tension contenue.
Via Ghibellina, 70 • ☎ 055 24 17 52 • www.casabuonarroti.it • Mer.-lun. 10h-17h ; f. 1er janv., dim. de Pâques, 15 août et 25 déc. • Entrée : 6,50 €.

❺ MERCATO SANT'AMBROGIO**

Marché Sant'Ambrogio

Dans ce quartier se tient, sous la halle de verre et de fer, le marché d'alimentation le moins cher de la ville et l'un des plus authentiques. Le spectacle, ponctué par le parler guttural florentin, se déroule sur la place où sont dressés les étals des maraîchers et des marchands de fleurs. On se restaure bien et à bon compte à l'une des *tavola calda* de l'intérieur.

Piazza Lorenzo Ghiberti • www.mercatosantambrogio.it • Lun.-sam. 7h-14h.

6 MERCATO DELLE PULCI**

Marché aux puces

Sur la place, le marché aux puces est quotidien et surabondant lors des opérations « vide-grenier » certains dimanches. Sous les petits chapiteaux, c'est un vrai bric-à-brac de vieilleries en tout genre qu'il ne faut pas hésiter à marchander.

Piazza Pietro Annigoni • Lun.-sam. et dernier dim. du mois 9h-19h (18h en hiver).

7 Pause-café branchée au Caffè Letterario Le Murate

Boire un *espresso* dans une ancienne prison restaurée et transformée en lieu de spectacles et de détente, voici donc la Florence contemporaine. Inauguré en 2011, ce lieu, qui fait aussi librairie, organise des expositions, des projections et des concerts, et attire les étudiants et leurs professeurs ainsi que les Florentins à la pointe.

Piazza delle Murate • ☎ 055 23 46 872 • www.lemurate.it • Lun.-ven. 8h-2h, sam.-dim. 11h-2h • Verre de vin : 4 €.

8 L'Oltrarno, Santo Spirito ET SAN FREDIANO

Restos & bistrots p. 111 | Bars, clubs & sorties p. 142 | Boutiques p. 176

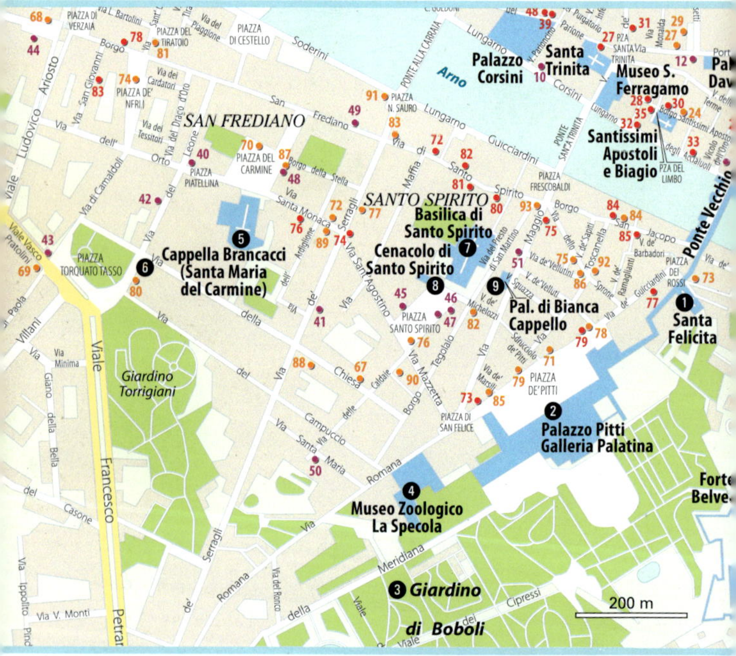

Avec son colossal palais Pitti cerné de merveilleux jardins, l'Oltrarno (« de l'autre côté de l'Arno ») attire un flot continu de visiteurs. Pour échapper aux foules, il suffit de s'enfoncer dans les ruelles étroites de Santo Spirito et de San Frediano, un quartier attachant où les rues presque désertes retentissent encore des échos des marteaux, scies et métiers à tisser issus de dizaines de petits ateliers. Le soir, la jeunesse trinque à la belle étoile devant les bars de la vivante piazza Santo Spirito.

Il Viottolone, jardin de Boboli

❶ SANTA FELICITA**

Précédée d'un porche au-dessus duquel passe le Corridoio Vasariano (voir p. 38), qui mène du Palazzo Pitti au Palazzo Vecchio, cette église est l'écrin d'une des plus saisissantes œuvres de Pontormo, *La Déposition de croix* (en cours de restauration). Des silhouettes étirées, drapées de couleurs acides, forment une étrange danse autour du Christ.

Piazza Santa Felicita, 3 • ☎ 055 21 30 18
• www.santafelicitafirenze.it
• Lun.-sam. 9h30-12h30 et 15h30-17h
• Entrée gratuite.

❷ PALAZZO PITTI***

En 1549, Cosme Ier achète aux Pitti, riches banquiers rivaux des Médicis, ce palais du XVe s. conçu par Brunelleschi. Il abrite aujourd'hui cinq musées (mode, porcelaine, art moderne, etc.) et requiert plusieurs heures de visite. Privilégiez la **Galleria Palatina,** qui abrite des chefs-d'œuvre de Raphaël, et les **appartements royaux,** dont les plafonds sont peints de fresques mythologiques. À l'arrière, le **jardin de Boboli** étage ses terrasses en ménageant de très poétiques panoramas sur Florence.

Galleria Palatina

Ce luxueux musée, riche de mille tableaux disposés selon les choix de la célèbre famille, est une longue suite de salles redécorées pour certaines au temps des grands-ducs de Lorraine. Dans la **salle de l'Iliade**, la plus fastueuse de toutes, des fresques de Luigi Sabatelli retracent des épisodes du poème d'Homère. La **salle de Saturne** réunit quelques tableaux de Raphaël, de gracieuses madones aux mesures parfaites. La plus connue, la *Vierge à la chaise*, est un hommage rendu à sa maîtresse et muse, la Fornarina. La **salle de Jupiter,** dont le plafond est orné du *Couronnement d'Hercule par Jupiter*, renferme aussi un beau portrait de la Fornarina : *Femme au voile* (1516). Dans la **salle de Mars,** vous verrez des toiles de peintres vénitiens qui ont inspiré Rubens et Van Dyck, et dans la **salle d'Apollon,** deux chefs-d'œuvre de Titien : la sensuelle *Marie-Madeleine* et le *Portrait de l'homme aux yeux gris*. La **salle de Vénus,** quant à elle, conserve une série de portraits du grand coloriste Titien, dont *La Belle* et *Pierre Arétin*, son ami vénitien.

Piazza de' Pitti, 1 • ☎ 055 29 48 83 • www.uffizi.it • Résa conseillée (frais de 3 €) par tél. ou sur www.b-ticket.com/b-ticket/uffizi **Galleria Palatina, appartements royaux** (f. janv.), **galerie d'art moderne** : mar.-dim. 8h15-18h50 ; f. 1er janv., 1er mai et 25 déc. • Entrée : 8,50 € ; 13 € lors des expositions temporaires ; gratuite 1er dim. du mois.

❸ GIARDINO DI BOBOLI★★★

Jardin de Boboli

Ce beau jardin à l'italienne, initié en 1549 et ouvert au public depuis 1766, possède, juste en face du palais Pitti, un **amphithéâtre** aux allures d'hippodrome antique (c'est là où se déroulaient les réceptions et les grands mariages médicéens) et un **jardin aquatique,** créé par Alfonso Parigi : vous y découvrirez une île sur laquelle se dresse une copie de l'*Océan* de Giambologna, la statue originale se trouvant au musée du Bargello. Dans la **cour de Bacchus,** le sculpteur maniériste Valerio Cigoli a représenté en 1560, sous les traits d'un nain grotesque, le dieu romain du vin à califourchon sur une tortue (ce nain n'était autre que le favori de la cour de Cosme Ier, Pietro Barbino, alias Morgante). À ne pas manquer : le **jardin du Chevalier,** une terrasse-belvédère qui offre un magnifique point de vue sur les environs vallonnés de San Miniato, et, près de la sortie, la **grotte de Buontalenti,** une grotte artificielle (1583) qui abrite, entre autres, des copies des *Quatre Captifs* de Michel-Ange.

Derrière le palazzo Pitti • ☎ 055 29 48 83 • www.uffizi.it • T.l.j. 8h15-18h15 (nov.-fév. 16h30 ; mars 17h30 ; juin-août 19h30) ; f. 1er et dernier lun. du mois, 1er janv., 1er mai et 25 déc. • Entrée : 7 € ; gratuite 1er dim. du mois.

❹ MUSEO ZOOLOGICO LA SPECOLA**

Musée zoologique La Specola

Inaugurée en 1775, La Specola fut jusqu'au début du XIXe s. le seul musée scientifique d'Europe ouvert au public. Les vitrines renferment une incroyable variété d'insectes curieux, d'oiseaux et d'animaux empaillés, dont un hippopotame qui vécut dans le jardin de Boboli au XVIIe s. L'extraordinaire collection de cires anatomiques du XVIIIe s. était destinée aux étudiants en médecine. Accès libre à la **Tribuna di Galileo,** visites guidées de la **salle des squelettes** et de l'**observatoire** du XVIIIe s. sur résa (30 €).

Via Romana, 17 • ☎ 055 27 56 444 • www.msn.unifi.it • Oct.-mai : mar.-dim. 9h30-16h30 ; juin-sept. : 10h30-17h30 ; f. 1er janv., Pâques, 1er mai, 15 août et 25 déc. • Entrée : 6 €.

❺ CAPPELLA BRANCACCI***

Chapelle Brancacci

C'est un riche marchand florentin, Felice Brancacci, qui confia en 1424 à Masolino et à son élève Masaccio le soin de décorer la chapelle de fresques sur le thème de la vie de saint Pierre et du péché originel. Masaccio n'avait que 23 ans lorsqu'il s'attela à la tâche, mais très vite, il fit preuve d'un talent incomparable : ses personnages,

❻ Pour une pause *gelato* maison à La Sorbettiera

Chez les Ciabattoni, les glaces sont une histoire de famille depuis 1934 ! De fabrication artisanale et donc maison, elles sont toujours faites avec des produits frais (lait, crème et œufs) et des fruits de saison. Parmi les 16 parfums disponibles, deux sont très demandés : la *crema antica* (lait, œuf, sucre) et *il catrame*, avec du chocolat amer fondant...

Piazza Torquato Tasso, 11 R • ☎ 055 51 20 336 • T.l.j. 12h30-minuit (21h hors saison.) ; f. déc.-fév. • Glaces deux parfums : 2 €.

Fresques de la Cappella Brancacci

modelés par une lumière naturelle, tranchaient sur le travail précieux de son maître. Resté inachevé, le cycle fut complété 60 ans plus tard par Filippino Lippi.

Les fresques supérieures

De gauche à droite se succèdent *Adam et Ève chassés du Paradis* (Masaccio), le *Paiement du tribut* (Masaccio), la *Prédication de saint Pierre* (Masolino), le *Baptême des néophytes* (Masaccio), *Saint Pierre guérissant un infirme et ressuscitant Tabitha* (Masolino, arrière-plan de Masaccio) et la *Tentation d'Adam* (Masolino).

Les fresques inférieures

De gauche à droite, *Saint Pierre en prison visité par saint Paul* (Filippino Lippi), *Résurrection du fils de Théophile* et *Saint Pierre en chaire* (Masaccio et Filippino Lippi), *Saint Pierre guérissant les malades avec son ombre* (Masaccio), *Distribution de l'aumône et mort d'Ananias* (Masaccio), *La Dispute de saint Pierre avec Simon le Mage*, *Crucifixion de saint Pierre* et *Saint Pierre libéré de prison par un ange* (Filippino Lippi).

Le réalisme de Masaccio

La Tentation d'Adam de Masolino montre un couple bien conventionnel comparé à celui peint par Masaccio. Dans *Adam et Ève chassés du Paradis*, l'expression du désespoir nargue tous les principes esthétiques de l'époque, et l'intensité des traits de leurs visages donne une dimension psychologique et tragique à l'œuvre. Dans le *Paiement du tribut*, le sentiment de grandeur et de dignité domine. Le modernisme de Masaccio réside dans cette volonté de faire exister ses personnages dans un espace qui leur est propre. Dans *Saint Pierre guérissant les malades*, qui donne une vue typique des quartiers de Florence, le peintre a su dépeindre les miséreux avec un réalisme convaincant.

Chiesa Santa Maria del Carmine, piazza del Carmine, 14 • ☎ 055 27 68 224/558 • www.museicivicifiorentini.comune.fi.it • Lun. et mer.-sam. 10h-17h, dim. et j.f. 13h-17h (dernière entrée 16h30) ; f. 1er et 7 janv., Pâques, 1er mai, 16 juil., 15 août et 25 déc. • Entrée : 6 € ; 7 € le billet combiné avec le Cenacolo di Santo Spirito • Résa obligatoire (gratuite).

❼ BASILICA DI SANTO SPIRITO★★★

Basilique du Saint-Esprit

C'est l'une des plus belles églises Renaissance, sorte de matérialisation de l'harmonie mathématique imaginée par Brunelleschi. La sobriété de l'espace, rythmé par les colonnes, et la *pietra serena* grise mettent en valeur les œuvres qu'elle renferme.

Santo Spirito

Brunelleschi travaille déjà à la réalisation de l'église de San Lorenzo quand il est choisi en 1435 pour celle de l'église du Saint-Esprit. Sa réalisation, due à Antonio Manetti, demeure un exemple d'unité parfaite. Après avoir fait le tour de ses 40 **chapelles** qui constituent une véritable galerie d'art, vous pourrez juger de sa beauté intérieure avec ses trois nefs et son autel du XVIIe s.

Piazza Santo Spirito • ☎ 055 21 00 30 • www.basilicasantospirito.it • Jeu.-mar. 10h-12h30 et 16h-18h • Entrée gratuite.

❽ CENACOLO DI SANTO SPIRITO★★

Couvent du Saint-Esprit

À gauche de la basilique, on accède aux bâtiments conventuels, dont il reste deux cloîtres et un réfectoire orné de fragments de *La Cène*, fresques gothiques attribuées à Andrea Orcagna. L'**antiquaire** Salvatore Romano y expose sa collection de statues médiévales.

Piazza Santo Spirito, 29 • ☎ 055 28 70 43 • www.museicivicifiorentini.comune.fi.it • Lun. et sam. 10h-17h, dim. 13h-17h ; f. 1er janv., Pâques, 1er mai, 15 août et 25 déc. • Entrée : 7 € (billet combiné avec la Cappella Brancacci) • Billetterie à la Cappella Brancacci.

❾ PALAZZO DI BIANCA CAPPELLO★

Dans la via Maggio, bordée de majestueux palais qui logent les meilleurs antiquaires de Florence, une façade se détache par ses fresques. Créé par Buontalenti au XVIe s., ce palais fut la maison de Bianca Cappello, courtisane vénitienne dont tomba amoureux François Ier de Médicis, déjà marié à Jeanne d'Autriche. Empoisonnés, les amants eurent le privilège de mourir ensemble !

Via Maggio, 26 • Ne se visite pas.

9 San Miniato ET SAN NICCOLÒ

Restos & bistrots p. 118 | Bars, clubs & sorties p. 146 | Boutiques p. 181

À San Miniato (terminus des bus 12 et 13), on est déjà bien loin du tumulte de Florence. Cernée par les bois odorants, l'église surplombe la ville et offre un point de vue splendide sur la coupole du Duomo se détachant sur la ligne bleutée des Apennins. Après ce pèlerinage, empruntez un escalier monumental pour redescendre vers le quartier de San Niccolò, petit village paisible parsemé d'ateliers qui s'étire le long de l'Arno.

Panorama depuis le piazzale Michelangelo

❶ PIAZZALE MICHELANGELO***

Esplanade Michelangelo

Malgré l'affluence et le ballet des cars touristiques, cette terrasse qui surplombe la ville offre le plus époustouflant panorama sur Florence et sur l'Arno, avec comme toile de fond la chaîne des Apennins. Un moment magique, surtout au coucher du soleil ou très tôt, dans les brumes matinales.

Accès du centre-ville par les bus 12 et 13, arrêt Piazzale-Michelangelo.

❷ SAN SALVATORE AL MONTE*

Église San Salvatore al Monte

Depuis le piazzale Michelangelo, un escalier grimpe jusqu'à cette église Renaissance, une des préférées de Michel-Ange, qui l'avait surnommée « ma belle paysanne ». L'intérieur a pour tout décor une terre cuite de Luca Della Robbia représentant une Descente de croix (2e chapelle g.).

Via di San Salvatore al Monte, 9 • ☎ 055 20 01 229 • T.l.j. 7h-19h (20h en été) • Entrée gratuite.

❸ SAN MINIATO AL MONTE***

Église San Miniato al Monte

Ce sanctuaire étincelant de marbres est un petit joyau, aussi beau à l'intérieur qu'à l'extérieur, et l'une des églises romanes les mieux préservées de Toscane. Bénéficiant d'une vue imprenable sur la ville, elle vous invite à un recueillement total au milieu d'un décor de cyprès.

Son histoire

C'est l'évêque Hildebrand qui décida en 1018 de faire édifier San Miniato, en mémoire de saint Minias, premier martyr florentin chrétien. Pour l'anecdote, sachez que Charlemagne y vint en pèlerinage. Au pied de l'église s'étend un cimetière où est inhumé Carlo Collodi (1826-1890), le père de Pinocchio, à côte d'autres artistes italiens.

La façade

Décorée au XIIe s. de marbre blanc, de serpentine (« marbre vert sombre ») et de mosaïque sur fond d'or, elle représente le Christ entre la Vierge et saint Minias. Au sommet de l'édifice,

San Miniato al Monte

admirez la statue d'un aigle serrant un ballot de laine : c'est l'emblème de la corporation des arts de la Calimala, qui finança le sanctuaire à partir de 1288.

L'intérieur

Vous y verrez un dallage incrusté de marbre coloré figurant les signes du zodiaque. Les fresques, sur les bas-côtés, datent du XVe s. À l'extrémité de la nef, la **chapelle du Crucifix** fut construite en 1448 par Michelozzo, afin d'abriter le crucifix miraculeux de saint Jean Gualbert, qui se trouve aujourd'hui dans l'église Santa Trinita (voir p. 44). Le **chœur** surélevé conserve une magnifique mosaïque à fond d'or représentant le Rédempteur entre la Vierge et saint Minias (1297). Dans la **crypte** à sept nefs située sous le chœur subsistent des fresques peintes par Taddeo Gaddi (1341). Enfin, ne manquez pas la **chapelle du cardinal du Portugal** : bâtie entre 1459 et 1466, elle est ornée de médaillons créés par Luca Della Robbia. À droite de l'autel, le tombeau du cardinal Jacopo Di Lusitania est l'œuvre d'Antonio Rossellino (1466).

Via Monte alle Croci • ☎ 055 23 42 731 • www.sanminiatoalmonte.it • **Lun.-sam. 9h30-13h et 15h-19h, dim. 8h15-13h et 15h-19h (20h en été) • Entrée gratuite.**

❺ Pause au jardin du Rifrullo

Après être redescendu de San Miniato, posez-vous dans le jardin-terrasse de ce café de quartier donnant sur les murailles médiévales. Le midi, choix d'antipasti, de plats méditerranéens, de salades et de pâtes ; brunch copieux et bonne ambiance à l'heure de l'apéro.

Via San Niccolò, 55 R • ☎ 055 23 42 621 • www.ilrifrullo.com • T.l.j. 8h-2h • Buffet (12h15-15h) : 20 €.

4 GIARDINO DELLE ROSE**

Jardin des Roses

Plus de 350 variétés de roses sont plantées dans ce beau jardin qui relie San Miniato à San Niccolò. On déambule avec plaisir entre les fleurs et les sculptures contemporaines. Une petite merveille appréciée des Florentins qui viennent y pique-niquer.

En contrebas du piazzale Michelangelo, viale Giuseppe Poggi, 2 • T.l.j. 8h-20h • Entrée gratuite.

6 SAN NICCOLÒ OLTRARNO*

Église de San Niccolò Oltrarno

Le tabernacle de cette charmante église Renaissance abrite un tableau de Piero Del Pollaiolo montrant la Vierge qui remet sa ceinture à un saint Thomas hésitant. Le républicain Michel-Ange trouva refuge dans la chambre du sonneur au pied du clocher quand les impériaux entrèrent dans la ville en 1530.

Via di San Niccolò, 48 • Lors de la messe : lun.-sam. 18h en hiver, 18h30 en été, dim. 9h30-12h30.

7 MUSEO STEFANO BARDINI*

Si vous avez un faible pour la sculpture, poussez la porte de ce gros palais des années 1880 : Stefano Bardini, un prospère antiquaire qui vendit en son temps beaucoup de pièces au Louvre, aux Jacquemart-André et au Victoria & Albert Museum de Londres, a légué à la commune de Florence sa collection personnelle, axée pour l'essentiel sur l'art de la Renaissance. L'œuvre la plus décalée ? *Il Porcellino*, un sanglier en bronze de Pietro Tacca (1633), éloge du grand-duc Cosme Ier à la chasse.

Via dei Renai, 37 • ☎ 055 23 42 427 • museicivicifiorentini.comune.fi.it • Ven.-lun. 11h-17h • Entrée : 6 €.

8 GIARDINO BARDINI***

Jardin Bardini

Entre l'Arno et la porte de San Giorgio, cette colline très pentue a conservé un caractère champêtre, mélangeant le parc boisé à l'anglaise, les essences parfumées et le verger, organisés autour d'un grand escalier baroque qui aboutit au belvédère, magnifique terrasse sur Florence. Un endroit magique à visiter de préférence au printemps, quand les iris, hortensias, azalées, roses du Bengale et camélias éclosent dans des camaïeux de rose et de mauve sur fond argenté des oliviers. La **Villa Peyron** accueille des expositions temporaires.

Via de' Bardi, 1 R • ☎ 055 200 66 206 • www.bardinipeyron.it • Mars : 8h15-17h30 ; avr.-mai et sept.-oct. : 8h15-18h30 ; juin-août : 8h15-19h30 ; nov.-fév. : t.l.j. 8h15-16h30 ; f. 1er et dernier lun. du mois, 1er janv., 1er mai et 25 déc. • Entrée : 7 € jardin (billet combiné avec le jardin de Boboli, voir p. 70) ; 8 € jardin et villa.

10 Fiesole

Restos & bistrots p. 121 | Bars, clubs & sorties p. 147

COMMENT Y ALLER ? VOIR CARNET PRATIQUE P. 195

Pour déjeuner sous une treille, respirer une brise champêtre ou rêver de la civilisation étrusque, première occupante des lieux, ne manquez pas cette excursion rafraîchissante qui a le mérite de vous emmener sur les hauteurs et de vous donner un avant-goût de la Toscane.

Duomo San Romolo

1 PIAZZA MINO DA FIESOLE**

Le centre animé de Fiesole occupe l'ancien forum romain. La place, bordée de cafés, est curieusement aménagée en terrasses. En haut, elle est

Théâtre romain

dominée par la façade à colonnes du **Palazzo Pretorio** (XIV-XVe s), aujourd'hui l'hôtel de ville, et par l'église **Santa Maria Primerana.** Un marché d'antiquaires s'y tient le 1er dimanche du mois.

2 DUOMO SAN ROMOLO★★

Cathédrale San Romolo

Pour construire cet édifice roman, on a largement pillé la ville antique, comme l'attestent les chapiteaux romains au sommet des colonnes. Les œuvres de l'enfant du pays, le sculpteur Mino Da Fiesole, contemporain de Luca Della Robbia, sont rassemblées dans la **chapelle** de l'évêque Salutati, tandis que le beau triptyque Renaissance qui trône sur le maître-autel est signé Bicci Di Lorenzo.

Piazza della Cattedrale, 1 • ☎ 055 59 95 66 • Avr.-sept. : t.l.j. 7h30-12h et 15h-17h30 ; oct.-mars : 8h-12h et 15h-17h30 • Entrée gratuite.

3 AREA ARCHEOLOGICA E MUSEO ARCHEOLOGICO★★★

Site et Musée archéologiques

Les Étrusques, puis les Romains, ont occupé cette place forte qui commandait la vallée de l'Arno. Il reste de ce passé quelques vestiges d'un **temple** étrusque (IVe s. av. J.-C.) et surtout un beau **théâtre** (fin du Ier s. av. J.-C.) de 2 000 places adossé à l'**acropole** et à des **thermes.** Aujourd'hui, des concerts et spectacles y sont toujours organisés. Le **Museo Archeologico** rassemble les découvertes archéologiques

❹ Pause panoramique à La Reggia degli Etruschi

Sur le chemin du couvent San Francesco, ce restaurant jouit d'une belle terrasse avec vue sur les environs. À l'ombre de la treille, on déguste un carpaccio de thon ou de bœuf, des pâtes fraîches faites à la main, un bifteck à la florentine et de délicieux antipasti.

Via San Francesco, 18 • ☎ 055 59 385 • www.lareggiadeglietruschi.com • T.l.j. 12h30-15h et 19h-22h • Résa conseillée pour la terrasse le week-end • *Primo piatto* : 12-14 € ; *secondo piatto* : 20-22 €.

faites sur le site, fragments de sculptures, peintures murales, poteries, monnaies, bijoux, tombes reconstituées, et aussi la collection Constantini. Elle se compose de vases étrusques et grecs, illustrant la vie des dieux et des héros de l'époque. Par un passage souterrain, on accède à l'**Antiquarium,** lieu des expositions temporaires.

Via Portigiani, 1 • ☎ 055 59 61 293 • www.museidifiesole.it • Avr.-sept. : t.l.j. 9h-19h ; mars. et oct. : t.l.j. 10h-18h ; nov.-fév. : mer.-lun. 10h-15h • Entrée : 10 €.

❺ CONVENTO DI SAN FRANCESCO*

Couvent Saint-François

Au terme d'une grimpette qui aura le mérite de vous offrir une vue magnifique sur Florence dans son écrin de verdure, vous pourrez vous reposer dans l'église franciscaine qui donne accès au monastère où les moines ont rassemblé leurs souvenirs de missions en Chine, en Extrême-Orient et en Égypte.

Via San Francesco, 13 • ☎ 055 59 175 • www.fratifiesole.it • **Église** : t.l.j. 7h-19h • Entrée gratuite (dons).

Musée des Missions franciscaines : t.l.j. 9h-12h et 14h30-17h • Entrée gratuite.

6 VILLA MEDICI★★

Construite entre 1458 et 1461 par Michelozzo pour Cosme l'Ancien, ce fut la première villa de la Renaissance à être dotée d'un jardin. Très pentu, celui-ci est organisé en terrasses, la première dans le prolongement de la loggia de la villa, la seconde en contrebas, doublée d'une pergola et divisée en parterres symétriques. Derrière la villa, une fontaine chuchote dans le petit jardin secret. Ce lieu fut racheté en 1911 par l'Américaine lady Sybil Cutting. Pour apercevoir la villa, il suffit de longer la via Vecchia Fiesolana.

Via Beato Angelico, 2 • www.villamedicifiesole.it.
Villa : ne se visite pas.
Jardin : lun.-ven. 9h-13h ; f. en août • Entrée : 15 € • Visite sur résa au moins une semaine à l'avance : annamarchimazzini@gmail.com

7 PARCO MONTECECERI★

Parc Montececeri

Dans ce parc boisé de 44 ha, en surplomb de Florence, plusieurs carrières témoignent de l'activité d'extraction de la *pietra serena*, utilisée notamment à la Basilica di Santo Spirito (voir p. 73). Cette pierre grise était très prisée à la Renaissance pour réaliser les structures portantes des édifices et les décors sculptés. C'est depuis le point culminant (410 m) du parc que Léonard de Vinci expérimenta sa machine volante.

• Entrées via degli Scalpellini et piazza M. Formelli • Entrée gratuite.

Jardins de la Villa Medici

11 Autour de Florence, LES VILLAS DES MÉDICIS

Bars, clubs & sorties p. 148

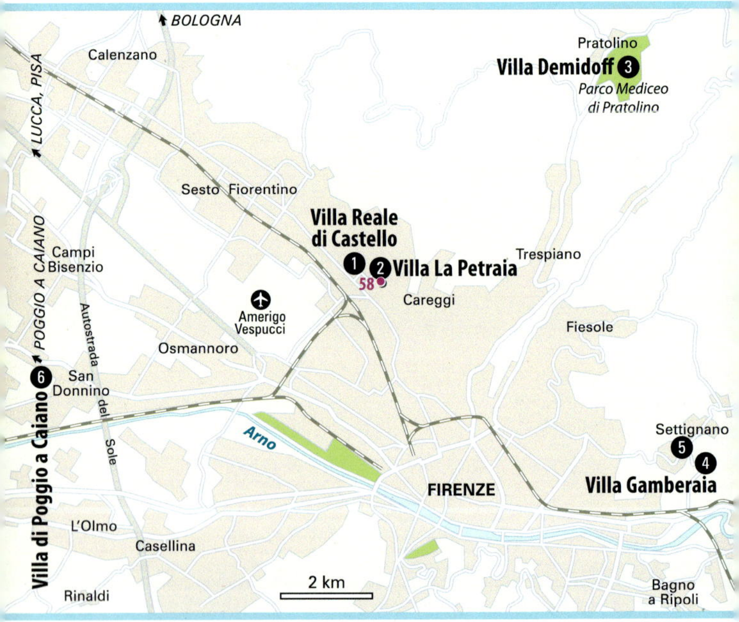

COMMENT Y ALLER ? VOIR CARNET PRATIQUE P. 195

Trois siècles durant, les Médicis ont marqué leur territoire en ponctuant la campagne de palais entourés d'oliviers, de cyprès et de jardins d'agrément : les villas, témoins d'un véritable art de vivre. Aujourd'hui inscrites au patrimoine mondial de l'Unesco, elles sont, pour certaines, ouvertes au public et facilement accessibles en bus. En voici cinq à découvrir dans la même journée si vous êtes motorisé.

❶ VILLA REALE DI CASTELLO*

Derrière la villa (elle ne se visite pas), vous découvrirez un vaste jardin brûlé par le soleil, mais constellé de citronniers et de touffes de lavande. Traversez-le : tout au fond se cache, dans le mur de soutènement, l'une de ces grottes aux animaux - ***Grotta degli Animali*** dont raffolaient les aristocrates toscans. Rien n'y manque : des stalactites artificielles, de fausses mousses et une véritable ménagerie de pierre ! Une autre surprise vous attend dans un recoin caché de la terrasse : un petit bassin d'où émerge l'***Appennino***, une sculpture réalisée par Bartolomeo Ammannati (pour la trouver, suivez les flèches « *vasca del Gennaio* »).

Via di Castello, 47, Castello • ☎ 055 45 47 91 • ☎ 055 45 26 91 • www.polomusealetoscana.beniculturali.it • Mars : t.l.j. 8h30-17h30 ; avr.-mai et sept.-oct. : t.l.j. 8h30-18h30 ; juin-août : t.l.j. 8h30-19h30 ; nov.-fév. : t.l.j. 8h30-16h30 • Entrée gratuite.

❷ VILLA LA PETRAIA**

Vous l'aurez deviné à sa tour de guet : il s'agit d'une ancienne ferme fortifiée, que l'un des fils de Cosme Ier, le cardinal Ferdinand, transforma en villa vers 1580. De l'escalier central, vous aurez un joli point de vue sur les parterres de buis. Les **jardins** de La Petraia sont moins élaborés que ceux de la Villa Reale di Castello, mais

Cour intérieure, Villa La Petraia

la **cour intérieure,** qui servit de salle de bal du temps de Victor-Emmanuel II, a beaucoup de charme avec ses **fresques** peintes. Le thème du décor ? Les fastes des Médicis bien sûr et, plus surprenant, la prise de Jérusalem par Godefroy de Bouillon.

Via della Petraia, 40, Castello • ☎ 055 45 26 91 • www.polomusealetoscana.beniculturali.it • Mars et oct. : t.l.j. 8h30-17h30 ; avr.-sept. : t.l.j. 8h30-18h30 ; nov.-fév. : t.l.j. 8h30-16h30 ; dernière entrée 1 h avant la fermeture ; f. 2e et 3e lun. du mois, 1er janv. et 25 déc. • Entrée gratuite.

❸ VILLA DEMIDOFF**

Vous ne verrez rien de la grandiose Villa de Pratolino, bâtie à l'initiative du grand-duc François Ier : faute d'entretien, elle a été démolie au début du XIXe s., tout comme ses grottes artificielles. En revanche, son jardin de plaisance a été transformé en parc à l'anglaise (1818) et vous réserve de sublimes vues sur la campagne toscane. Le domaine, appelé Villa Demidoff depuis son rachat en 1872 par un prince russe, comprend l'ancienne *paggeria* rose, où vivaient les domestiques attachés au service des Médicis, et un géant barbu se penchant au-dessus du bassin. Cette statue-fontaine du **colosse de l'Apennin** est l'œuvre de Jean de Bologne dit Giambologna (1580).

Via Fiorentina 282, Vaglia • ☎ 055 40 94 27 ou ☎ 055 40 80 734 • De mi-avril à fin oct. : ven. 10h-17h, sam.-dim. et j.f 10h-19h • Entrée gratuite.

Colosse de l'Apennin

❹ VILLA GAMBERAIA***

Propriété, au XVIIe s., d'un dénommé Zanobi Lapi, qui avait fait fortune dans le commerce du textile, elle n'a jamais appartenu aux Médicis, mais c'est notre petite préférée ! Les proportions sont élégantes ; et les **jardins,** entretenus avec beaucoup de

❺ Pause pizza avec vue à La Capponcina

Vous trouverez peu de bonnes adresses à Poggio, Castello et Pratolino, mais la rue principale du bourg de Settignano a une cantine « panoramique », **La Capponcina,** où l'on sert des pâtes fraîches et des pizzas gourmet au pecorino. Portions menues, mais jolie terrasse.

Via San Romano 15 R, Settignano • ☎ 055 69 70 37 • www.capponcina.com • Lun.-sam. 19h30-minuit, dim. 12h30-14h30 et 19h-minuit • Pâtes : 10 € ; pizza : 7,50-11 €.

Villa Gamberaia

soin. Au bout du parterre d'eau jalonné de buis et de statues de chiens, le regard embrasse Florence et la vallée de l'Arno. À l'autre extrémité, un **nymphée** (sanctuaire dédié aux nymphes) aux parois incrustées de galets fait office de boudoir rafraîchissant pour les chaudes après-midi d'été. Aujourd'hui, la villa se loue pour les vacances : ça laisse rêveur !

Via del Rossellino, 72, Settignano • ☎ 055 69 72 05 • www.villagamberaia.com
Jardins : lun.-sam. 9h-19h, dim. 9h-18h, dernière entrée 1 h avant la fermeture • Entrée : 15 €.
Villa : mar.-sam. 9h-12h sur résa uniquement • Entrée : 10 €.

6 VILLA DI POGGIO A CAIANO**

La toute première villa toscane (1485) a été édifiée, selon le bon caprice de Laurent le Magnifique, sur un haut piédestal pour la protéger de l'air ambiant (à l'époque, on craignait les miasmes de la rivière en contrebas). L'ensemble, un peu trapu, est à peine déridé par la courbure de l'escalier, mais l'intérieur renferme un petit **théâtre** de 1772 et un **salon,** au 1er étage, décoré de fresques illustrant les grandes heures de la dynastie des Médicis, avec toutes sortes d'animaux exotiques symbolisant le faste des grands-ducs…

Piazza dei Medici, 12, Poggio a Caiano • ☎ 055 87 70 12 • www.polomusealetoscana.beniculturali.it • F. 2e et 3e lun. du mois, 1er janv. et 25 déc. • Entrée gratuite • Villa : mars, t.l.j. 8h30-16h30 ; avr.-mai et sept.-oct., t.l.j. 8h30-17h30 ; juin-août, t.l.j. 8h30-18h30 ; nov.-fév., t.l.j. 8h30-15h30 • Jardin : mars, t.l.j. 8h15-17h30 ; avr.-mai et sept.-oct., t.l.j. 8h15-18h30 ; juin-août, t.l.j. 8h15-19h30 ; nov.-fév., t.l.j. 8h15-16h30 ; dernière entrée 1 h avant la fermeture.

La campagne florentine

Au début du XIVe siècle, les domaines ruraux fortifiés se muent en villas de plaisance dédiées aux fêtes et banquets. Exalter la vie, la nature et la beauté, tel est l'idéal des patriciens florentins, qui font de longs séjours dans leurs belles demeures ouvertes sur de vastes jardins rafraîchis par des fontaines, à proximité de forêts où ils traquent chevreuils et sangliers. Juchées sur les collines qui entourent Florence, quelques villas médicéennes préservent encore ce charme bucolique.

LES MÉDICIS ET LA MAISON DE CAMPAGNE

C'est Cosme l'Ancien qui, le premier, confie à Michelozzo le soin de réaménager ses propriétés de Trebbio et de Cafaggiolo dans son Mugello natal. Ces nouveaux lieux de villégiature accueillent les protégés des Médicis, principalement des intellectuels et des artistes. Cosme Ier offre même sa villa de Careggi à Marsile Ficin, qui y fonde l'Académie platonicienne, réunissant tous les lettrés de l'époque, dont Pic de la Mirandole. Bien que toujours pourvues d'une tour de guet et de mâchicoulis, témoins d'une époque agitée, les villas s'articulent autour d'une cour intérieure embellie de portiques au rez-de-chaussée et d'une loggia. De nombreuses fenêtres laissent pénétrer la lumière et assurent le lien avec la nature.

L'OUVERTURE DU JARDIN SECRET

Le jardin, élément essentiel de la villa toscane, suit la même évolution que l'architecture. Attenant à la maison, le petit jardin médiéval ou *giardino segreto* clos d'un mur répondait déjà par son tracé géométrique à l'idéal humaniste de la nature apprivoisée tout en privilégiant le côté utilitaire. À côté du verger et du potager, on plante quelques parterres de fleurs et d'herbes aromatiques, tandis que l'eau d'une fontaine et la tonnelle couverte de vignes apportent la fraîcheur en été.

JARDIN À L'ITALIENNE

L'extension du jardin, qui fusionne avec la villa et s'articule symétriquement dans son axe, comme à Demidoff (voir p. 84), obéit à des lois de perspective et de géométrie strictes : polarité des quatre éléments, chemins rectilignes jalonnés de cyprès ou de citronniers en pots, haies de buis taillées au cordeau, bassins ou terrasses en hémicycle fermant l'axe... Le jardin de la Renaissance se caractérise par de savantes architectures végétales voisinant avec une partie boisée laissée à l'état sauvage.

Jardins de Villa Gamberaia

THÉÂTRES DE VERDURE

Au XVIe s., le jardin est le cadre préféré des divertissements de la bonne société florentine qui affectionne les feux d'artifice et les spectacles en plein air. Les escaliers deviennent l'élément clé d'une spectaculaire mise en scène, rendant nécessaire l'intervention d'architectes. Le paysagiste Tribolo et l'architecte Buontalenti, auteurs du jardin de Boboli (voir p. 70), aménagent le terrain en terrasses ponctuées de jeux d'eau, où les fausses grottes, les statues allégoriques et les labyrinthes sont autant de surprises pour le promeneur.

LES CHEFS-D'ŒUVRE

Les Médicis, imités par d'autres mécènes, s'adressent aux meilleurs artistes pour décorer leurs propriétés. *La Naissance de Vénus* et *Le Printemps,* les deux tableaux les plus réputés de Botticelli, étaient accrochés dans la **Villa Reale di Castello** (voir p. 83) ; Giambologna est l'auteur de la fontaine de Vénus de la **Villa La Petraia** (p. 83), comme de l'étonnante allégorie de l'Apennin qui orne le jardin de la **Villa Demidoff** (voir p. 84) ; Andrea Del Sarto et Pontormo ont peint de grandes fresques illustrant la saga des Médicis dans le salon de la **Villa di Poggio a Caiano** (voir p. 85).

Les villas de Careggi et de Poggio Imperiale

Careggi et Poggio Imperiale sont deux villas médicéennes inscrites au patrimoine mondial de l'Unesco. Careggi, encore très médiévale d'aspect, était le rendez-vous des artistes et hommes de lettres attitrés des Médicis (Donatello, Michel-Ange, etc.). Poggio Imperiale, propriété de Marie-Madeleine d'Autriche, épouse de Cosme II, de nos jours pensionnat de jeunes filles, s'orne de stucs et de fresques sur le thème des Quatre Saisons.

Careggi : viale Pieraccini 17, bus 14, arrêt Monna-Tessa • ☎ 055 42 79 755 • Lun.-ven. 9h-18h, sam. 9h-12h • Entrée gratuite.
Poggio Imperiale : piazzale del Poggio Imperiale, 1, bus 11, arrêt Gelsomino-1 • ☎ 055 22 61 71 • Dim. matin (hors vacances scolaires) sur résa : infomuseo@poggio imperiale.it • Entrée gratuite.

Restos & bistrots

PAR QUARTIER

Les coups de cœur DE NOTRE AUTEUR

De la vieille taverne toscane à la nouvelle cantine slow-food, notre auteur vous invite à partager ses plus belles rencontres gustatives.

LA CANTINETTA DEI VERRAZZANO

Toute l'âme de Florence dans un verre de grappa ou de chianti. Voir p. 92.

OBICÀ

Un superbe « mozzarella-bar » avec un bon rapport qualité/prix. Voir p. 98.

LA MÉNAGÈRE

Pour un cappuccino-cheesecake dans un lieu décalé. Voir p. 104.

Il Santo Bevitore

La Ménagère

KONNUBIO

À deux pas du Duomo, les grands classiques toscans réinterprétés avec élégance. Voir p. 106.

IL SANTO BEVITORE

Une mention spéciale pour l'*enoteca* annexe, Il Santino, et ses plateaux de charcuterie et fromages. Voir p. 115.

À SAVOIR

OÙ MANGER ?

Même si les différences s'estompent, on distingue le ***ristorante,*** haut de gamme, la **trattoria,** petit restaurant familial servant une cuisine maison et l'***osteria,*** proche de la trattoria, mais en plus modeste. Pour manger sur le pouce et à petit prix, vous aurez le choix entre les **tripiers** ambulants (Mercato Centrale ou piazza dei Nerli), les **sandwicheries,** la ***tavola calda*** (cuisine en self-service), la ***rosticceria*** (plats à emporter ou au comptoir), la ***mescita*** et la ***fiaschetteria*** où l'on mange debout des antipasti et des pâtes avec un verre de chianti, ou encore la ***cantinetta,*** dans le même esprit mais en plus cher et assis. Enfin, la **pizzeria** ou l'***enoteca*** (bar à vins) servent assiettes de charcuterie et de fromages, et sandwichs.

LE MENU

Un menu complet est composé de cinq plats : les hors-d'œuvre ou **anti-pasti,** le ***primo piatto*** (pâtes, risotto, minestrone), le ***secondo piatto*** (viande ou poisson servi sans accompagnement), le ***contorno*** (légumes, salade ou pommes de terre) et enfin les ***dolci*** (desserts). Rassurez-vous, même les Italiens ne font plus ces repas gargantuesques, sauf peut-être le dimanche. Vous pouvez vous contenter de deux ou trois plats.

EN PRATIQUE

Peu de restaurants proposent des menus. Or, manger à la carte peut se révéler très cher, les suppléments du ***pane e coperto*** (pain et couvert autour de 2-3 €) et du service (10 à 15 % en principe dans les *ristoranti*) venant alourdir l'addition. Bien que l'eau soit potable, les restaurants servent de l'eau en bouteille, et dans le cas contraire, l'eau du robinet peut être facturée ! Les poissons et certaines viandes sont facturés au poids. Une côte à l'os (*bistecca alla fiorentina*) pouvant peser plus d'un kilo, on peut avoir des émotions sur l'addition ! Certains restaurateurs affichent le logo ***conto trasparente,*** « addition transparente », et pratiquent le système français.

SE REPÉRER

Chaque adresse de restaurant est associée à une pastille orange numérotée. Vous retrouverez toutes les adresses positionnées sur le plan détachable.

Restos & bistrots
PAR QUARTIER

Du Duomo au Museo del Bargello (Quartier 1 - p. 22)

COQUINARIUS
Trattoria ① Plan H6/I6

À deux pas du Duomo, une grande salle voûtée fort agréable (il s'agit d'anciennes écuries du XIVe s.). On s'y attable pour déguster des spécialités toscanes : *crostini*, assiette de fromages ou de charcuterie, salade copieuse, plat de pâtes ou de légumes. C'est aussi un bar à vins, la carte est intéressante. Pensez à réserver.
Via delle Oche, 11 R • ☎ 055 23 02 153 • www.coquinarius.it • T.l.j. 12h30-15h30 et 18h30-23h • *Primo piatto* : 9-13 € ; *secondo piatto* : 15-18 €.

VINI E VECCHI SAPORI DI COSTANTINI
Trattoria ② Plan I7

Ce bistrot familial est pris d'assaut par les Florentins, qui apprécient son authenticité. Attablé dans une petite salle, on salive devant un menu écrit à la main, faisant la part belle aux pâtes. *Pappardelle* au canard ou *tortellini* à la carbonara, il n'y a pas de mauvais choix. Le service est parfois un peu bourru, mais la qualité des plats adoucit le tout.
Via dei Magazzini, 3 R • ☎ 055 29 30 45 • *Primo piatto* : 10-13 € ; *secondo piatto* : 12-22 € • Résa vivement conseillée.

OSTERIA I BUONGUSTAI
Osteria ③ Plan I7

Le menu du jour, varié, affiche une cuisine sans prétention : raviolis au fromage, tripes à la toscane, carpaccio d'espadon ou encore risotto de la mer. La Toscane se savoure dans tous les plats. Le cadre est rustique et le service cordial. Une adresse de quartier aux prix raisonnables.
Via dei Cerchi, 15 R • ☎ 055 29 13 04 • Lun.-ven. 8h-16h, sam. 8h-23h • Plats : 4,50-10 € • Espèces uniquement.

ENOTECA ALESSI
Enoteca ④ Plan I6

Ce bar à vins, où l'on déguste des crus régionaux et nationaux accompagnés d'une *bruschetta* ou d'un carpaccio joliment présentés, a ouvert ses portes en 1952. Sous les voûtes, on profite d'une ambiance détendue, mais élégante, accoudé à un tonneau de bois. Le raffinement à l'italienne. Également épicerie gourmande.
Via delle Oche, 27-31 R • ☎ 055 21 49 66 • www.enotecaalessi.it • Lun.-sam. 11h30-19h30 • Verre de vin : à partir de 5 €.

La Cantinetta dei Verrazzano

LA CANTINETTA DEI VERRAZZANO
Enoteca ⑤ Plan H7

Cette *enoteca* propose, outre le chianti, la grappa et l'huile d'olive, d'excellents produits du terroir servis avec du pain aux noix ou de la pulpe d'olive. À déguster : la *focaccia* aux cèpes sautés, jambon et roquette, avec des fleurs de courgette et de mozzarella. Un délice !

Via dei Tavolini, 18/20 R
• ☎ 055 26 85 90 • www.verrazzano.com • Lun.-sam. 8h-21h, dim. 10h-16h30 ; f. dim. juil.-août • Paninis, salade, *crostini* : 5-9 €.

I DUE FRATELLINI
Enoteca ⑥ Plan H7

L'endroit idéal pour déjeuner après la visite de la galerie des Offices. « Les deux frères » préparent en quelques secondes de bons sandwichs au jambon de parme, à la mozzarella ou aux champignons. Il y a foule, mais l'attente vaut le coup et les prix sont imbattables.

Via dei Cimatori, 38 R
• ☎ 055 23 96 096
• www.iduefratellini.it
• T.l.j. 10h-19h • Paninis : 4 €.

YELLOW BAR
Pâtes/pizzas ⑦ Plan I7

Au fond du restaurant se trouve le four à bois où sont cuites de délicieuses pizzas. Un peu plus loin, les cuisiniers s'affairent à la fabrication de *tagliolinis*, gnocchis ou raviolis et de toutes sortes de pâtes. Tout est fait maison avec des produits frais, l'accueil est chaleureux et les prix peu élevés. Bruyant aux heures de pointe.

Via del Proconsolo, 39 R
• ☎ 055 211 766
• www.yellowbar.it
• Mar.-dim. 12h-15h30 et 18h15-23h30
• Pizzas : 5-8,50 € ; pâtes : env. 8,50 €.

TRATTORIA DALL'OSTE
Cuisine toscane ⑧ Plan I7

Voici LE nouveau temple des amateurs de la *bistecca alla fiorentina*, le fameux filet de bœuf toscan que l'on grille sur pierre de lave. Et comme la viande est ici particulièrement tendre et savoureuse, il vaut mieux venir en tout début de service (18h45) ou réserver si l'on veut être sûr d'y décrocher une table.

Les couverts sont quasi design ; et les raviolis à la sauge, un pur délice. Que demander de plus !
Via dei Cerchi, 40/R • ☎ 055 21 31 42 • https://trattoriadalloste.com • T.l.j. 11h30-22h30 • *Ravioli toscani* : 9,50 € ; *bistecca alla fiorentina* : 48 €/kg.

CANOVA DI GUSTAVINO
Cuisine toscane ⑨ Plan I7

N'hésitez pas à déguster les vins de la maison : le Terre dei Ricci, savant mélange de sangiovese et de cabernet sauvignon, ou le blanc Riccio Bianco, 100 % chardonnay, autour de petits plats toscans.
Via della Condotta, 29 R • ☎ 055 23 99 806 • www.gustavino.it • T.l.j. 11h-23h • Plats au bar à vins : 15-40 € pour un plateau charcuterie-fromage ; plats au restaurant : 10-30 €.

FISHING LAB
Poissons ⑩ Plan I6

Vous préférez le poisson ? Vous êtes à la bonne adresse : l'ancien Palais de la corporation des notaires et des juges, transformé en jeune et dynamique « restaurant-laboratoire », le décline sous toutes ses formes : cru, mariné, en tartare, fumé dans un rouleau d'écorce de noyer... Le tout se déguste au comptoir ou, mieux, à l'étage sous une voûte décorée de fresques du XVᵉ s.
Via del Proconsolo, 16 R • ☎ 055 24 06 18 • www.fishinglab.it • T.l.j. 10h-minuit • Huîtres : 1,30 € pièce ; saumon cuit : 11 €.

Fishing Lab

Quinoa

ACQUA AL 2
Cuisine créative ⑪ Plan I7

Derrière le Bargello, ce restaurant très à la mode cultive l'originalité. Sur les murs, des assiettes signées par des personnalités ; dans les assiettes, des plats tels le steak aux myrtilles, le carpaccio d'espadon ou encore le poulet au porto. Mieux vaut y venir après 22h pour profiter des habitués, journalistes et comédiens, et se mêler à la vie florentine.

Via della Vigna Vecchia, 40 R • ☎ 055 28 41 70 • www.acquaal2.it • Lun. 19h-1h, mar.-dim. 12h30-15h et 19h-1h • *Primo piatto* : 11-13 € ; *secondo piatto* : 16-27 €.

QUINOA
Cuisine végétarienne
⑫ Plan H6

Avis aux végétariens ou à ceux qui souhaiteraient prendre soin de leur corps. Ce restaurant mise sur un alléchant menu 100 % sans gluten, où le quinoa et les légumes en tout genre sont rois. À ne pas négliger, une jolie cour à l'abri des regards, dans laquelle on déjeune avec plaisir d'une salade de poulpe ou de raviolis à la ricotta.

Vicolo di Santa Maria Maggiore, 1 • ☎ 055 29 08 76 • www.ristorantequinoa.it • Lun.-sam. 9h-22h30, dim. 12h-15h ; f. dim. juin-sept. • Plats : autour de 12 €.

CAFFÈ GILLI
Café/pâtisserie ⑬ Plan H6

Quand la famille suisse Gilli ouvre sa *confeterria* en 1733, la noblesse florentine en devient vite friande. Installée depuis le début du XXᵉ s. dans ce décor de vitrines et de boiseries Art nouveau, les nostalgiques de la Belle Époque viennent déguster dans cette institution les inimitables cocktails baptisés des noms de clients illustres, mais aussi cappuccinos crémeux, glaces et autres gâteaux. Des petites bouchées chocolatées maison sont en vente dans la *pasticceria*.

Piazza della Repubblica, 39 R
- **☎ 055 21 38 96**
- **www.gilli.it**
- **T.l.j. 7h30-1h (minuit en hiver)**
- **Glaces : 9 € ; gâteaux : 8 €.**

LA STREGA NOCCIOLA
Glaces ⑭ Plan I6

Autour du Duomo, les glaciers sont évidemment légion, mais la Strega Nocciola (la fée Carabosse en français) vaut vraiment le détour. Les parfums triés sur le volet varient selon la saison : chocolat-piment (maya), chocolat blanc-cannelle (azteco)... La spécialité de la maison ? La noisette, crémeuse à souhait. Nous, on a eu un coup de cœur pour leur *gelato* à la lavande. Irrésistible !

Via Ricasoli, 16 R
- **☎ 055 21 73 75**
- **www.lastreganocciola.it**
- **2 boules : 3,80 €.**

GELATERIA GROM
Glaces ⑮ Plan I6

À deux pas du campanile, cette *gelateria* a ses aficionados, qui y viennent exprès pour tester les saveurs de saison. Citrons d'Amalfi, grains de café du Guatemala, lait bio, fruits de saison, biscuits au blé noir du Piémont... des ingrédients de qualité dans l'esprit slow-food cher aux Italiens pour fabriquer des glaces artisanales au goût plus que sublime.

Via delle Oche, 24 R • ☎ 055 21 61 58 • www.grom.it • Avr.-oct. : lun.-ven. et dim. 10h30-23h30, sam. 10h30-minuit ; nov.-mars : t.l.j. 10h30-23h • Glaces : 2,60 €.

PERCHÈ NO!...
Glaces ⑯ Plan H7

Dans cette *gelateria* créée en 1939, on croit aux produits naturels et on lutte contre la standardisation du goût. Testez la pistache et l'amande, les parfums les plus demandés ! Les gourmands varient les plaisirs avec cinq chocolats différents et, l'été, des sorbets si savoureux que l'on a l'impression de croquer dans un fruit glacé !

Via dei Tavolini, 19 R • ☎ 055 23 98 969
- **www.percheno.firenze.it**
- **Mer.-lun. 11h-23h, mar. 12h-20h**
- **Glaces deux parfums : 2,50-3 €.**

SEVEN BROTHERS
Glaces ⑰ Plan H7

Un glacier à l'italienne, version new-yorkaise ! Ici, on prépare soi-même sa glace, en sélectionnant son parfum dans une machine, qui sort une douce crème glacée en torsades, puis on y ajoute la garniture de nos rêves : pépites de chocolat, morceaux de fruits ou de réglisse, etc. Le résultat est amusant, certes moins traditionnel que les glaciers florentins, mais plus ludique !

Via de la Condotta, 61 R • ☎ 055 05 16 656 • www.sevenbrothers.eu • Lun.-jeu. et dim. 12h-19h, ven.-sam. 12h-minuit • Vente au poids : 2,20 €/100 g.

VOIR AUSSI :

Da Scudieri | p. 27 | ⑱ Plan H6

La Terrazza de La Rinascente | p. 28 | ⑲ Plan H6-7

De piazza della Signoria au Ponte Vecchio (Quartier 2 - p. 34)

INO
Enoteca ⑳ Plan H8

Alessandro Frassica vous accueille avec le sourire et vous concocte des *ciabatta* succulentes, le fameux sandwich au pain blanc salé, à l'huile d'olive, agrémenté de fromage pecorino, de jambon cru de Toscane ou de diverses tapenades. Pour le dessert, les biscuits, miels et autres spécialités devraient ravir vos papilles.

Ino

Via dei Georgofili, 3/7 R • ☎ 055 21 41 54 • www.inofirenze.com • T.l.j. 12h-16h30 • Ciabatta : 5 €.

BRAC
Cuisine végétarienne
㉑ Plan I8

À peine visible de la rue (il n'y a pas d'enseigne), on croise surtout des gens du quartier dans ce café-librairie hors des sentiers battus. On y sert une cuisine végétarienne simple et bonne au comptoir du petit café ou dans la salle à l'arrière du patio, remplie du sol au plafond de bouquins d'art et de design. Un petit havre de paix parfait pour une pause thé (2 €) ou smoothie (3-5 €).

Brac

Via dei Vagellai, 18 R • ☎ 055 09 44 877 • www.libreriabrac.net • Lun.-sam. 12h-minuit, dim. 19h-minuit • Plats : env. 14 €.

RIVOIRE
Café/pâtisserie ㉒ Plan H7

Dégustez un chocolat chaud nappé de crème dans le petit salon chaleureux ou attablé sur l'immense terrasse (plus cher !), une assiette de *panini tartufati* et de délicieuses pâtisseries devant vous.

Piazza della Signoria, 5 R • ☎ 055 21 44 12 • www.rivoire.it • T.l.j. 7h30-minuit (23h en hiver) • Chocolat chaud : 3 € au bar.

VOIR AUSSI :

All'Antico Vinaio | p. 41 | ㉓ Plan I8

Autour de la via de' Tornabuoni (Quartier 3 – p. 42)

MANGIAFOCO
Osteria ㉔ Plan H7

Elisa et Francesco sont aux commandes de ce petit café, *osteria* et bar à vins où l'on se régale d'une bonne cuisine toscane maison : choix de *pasta* fraîches (goûtez le pesto du jour), carpaccio, tartare de bœuf, salades, *crostoni* et plateaux dégustation de charcuterie et de fromages (à partir de 15 €) que l'on arrose de vins de petits producteurs. Une bonne alternative aux restaurants plus touristiques du quartier.

Borgo SS. Apostoli, 26 R • ☎ 055 26 58 170 • www.mangiafoco.com • T.l.j. 10h-23h30 ; f. dim. janv.-mars • *Primo piatto* : 10-13 € ; *secondo piatto* : 14-25 € ; verre de vin : 5-10 €.

PROCACCI
Enoteca ㉕ Plan G6

Des étagères en noyer et un comptoir en marbre vert : un décor inchangé depuis 1939 pour ce temple de la gastronomie ouvert en 1885. Le gratin de Florence s'y croise pour grignoter l'un de ces délicieux *panini tartufati* (1,80 €) dont ils ont le secret, une terrine de sanglier ou des fromages arrosés de grands crus. On peut aussi y faire des emplettes de cèpes (*funghi porcini*), poivrons, moutardes et truffes en bocaux.

Via de' Tornabuoni, 64 R • ☎ 055 211 656 • www.procacci1885.it • Lun.-sam. 10h-21h, dim. 11h-20h ; f. trois sem. en août.

OBICÀ
Mozzarella-bar ㉖ Plan G6

Sous les arcades du Palazzo Tornabuoni, Obicà est un mozzarella-bar qui propose des produits bio du terroir, des salades et des vins de la région. Dans une ambiance chic, on y déguste trois sortes de mozzarella, avec une préférence pour la crémeuse *burrata*, le tout accompagné de jambon de pays ou de *bresaola*.

Via de' Tornabuoni, 16 • ☎ 055 27 73 526 • www.obica.com • Lun.-ven. 12h-16h et 18h30-23h, sam.-dim. 12h-23h • Salades : 10-18 € ; assiette de charcuterie : 19 €.

LA BUSSOLA
Cuisine toscane ㉗ Plan H7

Outre sa petite terrasse sur la piazza dei Davanzatti, ce restaurant attire les gourmets avec son menu du jour varié, dédié aux classiques florentins. À déguster : escalope de veau à la mozzarella, bifteck à la florentine, espadon grillé… La Bussola réserve un service soigné et une ambiance élégante, accentuée par les lumières tamisées de la salle toute en longueur.

Via Porta Rossa, 58 R • ☎ 055 29 33 76 • www.labussolafirenze.it • T.l.j. 12h-23h • *Primo piatto* : 10-19 € ; *secondo piatto* : 13-55 €.

CAFFÈ STROZZI
Café ㉘ Plan G7

Boire un café dans un palais, voilà une expérience tout à fait florentine ! Le Strozzi se niche au cœur du Palazzo Strozzi, dans la cour intérieure. Commandez au bar avant d'aller vous attabler, l'occasion de profiter d'un cappuccino à un prix raisonnable, dans un quartier où le cours du café semble atteindre des sommets !

Palazzo Strozzi, piazza Strozzi • ☎ 055 28 82 36 • Lun. 8h-20h, mar.-dim. 8h-0h30 • Café : 1 € au comptoir (3 € en salle) ; cappuccino : 1,20 € au comptoir (4 € en salle).

VOIR AUSSI :

Fattoria Rossi | p. 44 | ㉙ Plan H7

Mangiafoco (voir p. 97)

Autour de Santa Maria Novella (Quartier 4 - p. 46)

SOSTANZA
Trattoria ㉚ Plan C3

Dans une ruelle, cet ancien café ouvrier ouvert depuis 1932 est toujours fréquenté par des habitués. On y sert tous les jours la *bistecca alla fiorentina* (50 €/kg), les tripes, le *tortino*, sorte d'omelette aux artichauts, et le vendredi en hiver la *baccalà in salsa* (morue, 13 €). Les prix ont augmenté depuis 1932, mais la convivialité est toujours là !

Via del Porcellana, 25 R
• ☎ 055 21 26 91
• Lun.-ven. 12h30-14h et services à 19h30 et 21h45 ; sam. avr.-mai et sept.-oct.
• *Primo piatto* : env. 10 € ; *secondo piatto* : 12-25 €.

LA MARTINICCA
Trattoria ㉛ Plan G6

Comme son nom ne l'indique pas, elle est une des rares trattorias 100 % *fiorentina* qui aient subsisté dans ce quartier huppé. Un service agréable et une carte bien fournie avec des plats d'ici : *ribollita* (10 €), morue à la grille (13 €), *bistecca* cuite à la perfection, *tagliata* de bœuf (16 €) et, pour finir, le gâteau au chocolat Pistocchi. Le tout arrosé de vins régionaux (à partir de 15 € la bouteille). Excellente adresse.

Via del Sole, 27 R • ☎ 055 21 89 28
• www.ristorante-lamartinicca.com
• Lun.-ven. 12h-14h30 et 19h-22h30, sam.-dim. 19h-22h30 • *Primo piatto* : 10-13 € ; *secondo piatto* : 10-16 €.

Notre top
DU *CIBO DA STRADA*

Les rues de Florence et les allées du Marché central sont devenues, ces dernières années, un haut lieu du *cibo da strada*, le « street food » à l'italienne. Paninis, boulettes de riz ou poisson frit, voici quelques valeurs sûres, sur le pouce, à emporter...

I Due Fratellini

ALL'ANTICO VINAIO

On s'y bouscule sur les coups de midi pour un salami dénommé *sbriciolona*. Voir p. 41.

I DUE FRATELLINI

Trente sortes de paninis confectionnés en direct. Armez-vous de patience ! Voir p. 92.

INO

Pour les excellents paninis préparés par Alessandro à deux pas du Ponte Vecchio. Voir p. 96.

ARÀ È SICILIA

Près de l'Accademia, une petite échoppe qui fleure bon la Sicile. Voir p. 107.

MAMA'S BAKERY

Quiche, bagel ou muffin : c'est plus new-yorkais que florentin, mais trop craquant. Voir p. 117.

FORNO PINTUCCI

Boulangerie réputée depuis plus de 20 ans pour ses pizzas et *schiacciata*. Voir p. 117.

LA CARABACCIA
Trattoria ㉜ Plan B2

La *carabaccia* (8 €) est une spécialité florentine introduite à la cour de France par Catherine de Médicis sous le nom de « soupe à l'oignon ». La *carabaccia* est le fil rouge des préparations de cette trattoria qui puise son inspiration dans de vieux livres de recettes.
Via Palazzuolo, 190 R • ☎ 055 21 47 02 • www.trattorialacarabaccia.com • T.l.j. 12h-14h45 et 19h-23h ; f. mar. fév. et août • *Primo piatto* : 7-13 € ; *secondo piatto* : 13-20 € ; menu poisson : 29 € ; menu toscan : 35 €.

IL' VINAINO
Trattoria ㉝ Plan B2

Cette adresse vous permettra de manger dans un cadre chaleureux et authentique avec les habitants du quartier. La carte du midi change tous les jours et propose quatre ou cinq plats succulents ! Le soir, le menu régulier présente des spécialités toscanes, comme la *tagliata* (16 €), à des prix défiant toute concurrence. Un régal !
Via Palazzuolo, 124 R • ☎ 055 04 57 069 • T.l.j. 10h-15h30 et 17h30-22h30 • *Primo piatto* : 7-9,50 € ; *secondo piatto* : 12-16 €.

PALAZZO E CANTINETTA ANTINORI
Cuisine toscane ㉞ Plan G6

Face à l'unique église baroque de la ville, ce palais du XVe s. est la propriété depuis 1506 des Antinori, famille d'aristocrates à la tête d'un domaine viticole réputé dans le Chianti. La *cantinetta*, où l'on pouvait déguster leurs vins, est devenue un restaurant branché où l'on sert une vraie cuisine toscane.
Piazza degli Antinori, 3 • ☎ 055 29 22 34 • www.cantinetta-antinori.com • Lun.-sam. 12h30-14h30 et 19h-22h30 ; f. deux sem. en août • *Primo piatto* : 16-21 € ; *secondo piatto* : 26-32 €.

BUCA LAPI
Cuisine toscane ㉟ Plan G6

Dans les caves voûtées du Palazzo Antinori, le plus vieux restaurant de Florence propose une cuisine savoureuse enracinée dans la tradition toscane. Impossible de ne pas goûter à la *bistecca alla fiorentina* (45 €/kg) cuite sur la braise, à la *ribollita* (16 €) et aux oignons farcis au pecorino (25 €).

Il Latini (voir p. 102)

La Ménagère (voir p. 104)

Via del Trebbio, 1 R • ☎ 055 21 37 68 • www.bucalapi.com • Lun.-sam. 19h-22h • *Primo piatto* : 14-20 € ; *secondo piatto* : 25-45 € • Résa obligatoire.

IL LATINI
Cuisine toscane (36) Plan G6

La queue qui s'allonge tous les soirs devant ce restaurant installé dans d'anciennes écuries ne laisse aucun doute sur la qualité de la cuisine. Grandes tablées, fiasques de chianti à volonté, jambons pendus au plafond et une carte très alléchante clamée par des Florentins au verbe haut. Venez à midi ou avant 20h.
Via dei Palchetti, 6 R • ☎ 055 21 09 16 • www.illatini.com • Mar.-dim. 12h30-14h30 et 19h30-22h30 • *Primo piatto* : 7-11 € ; *secondo piatto* : 14-25 €.

OSTERIA DEI CENTOPOVERI
Poissons et fruits de mer
(37) Plan C3

Les patrons, originaires des Pouilles, privilégient le poisson et les fruits de mer cuisinés avec inventivité : moules à la fleur de courge, crevettes à la roquette, poisson au four. Dans une deuxième salle, où le couvert n'est pas payant, vous pourrez déguster de bonnes pizzas. Très bon accueil.
Via Palazzuolo, 31 R • ☎ 055 21 88 46 • www.centopoveri.it • T.l.j. 12h-15h et 19h-23h • *Primo piatto* : 7-12 € ; *secondo piatto* : 10-20 € ; pizzas : 4,50-9 € ; menu toscan : 35 €.

CAFFÈ DEL'900

Glaces (38) Plan C3

Ce petit café clair et agréable donne d'un côté sur l'Arno et de l'autre sur le borgo Ognissanti. Il offre une pause pour un petit goûter glacé. Si les glaces maison sont excellentes, on est, en revanche, déçu par la cuisine.

Borgo Ognissanti, 3 R (autre entrée sur lungarno Vespucci, 8 R) • ☎ 055 21 83 90 • T.l.j. 8h-20h • Glaces un parfum : 2 €.

VOIR AUSSI :

Shake Café | p. 49 | (39) Plan C2

San Lorenzo, fief des Médicis (Quartier 5 - p. 52)

MARIO

Trattoria (40) Plan C2/D2

On mange au coude à coude, on discute politique, on rit entre forains. C'est le meilleur rendez-vous du quartier, tant pour l'ambiance que pour la très bonne cuisine concoctée en famille par les fils de Mario. Si vous aimez les tripes, allez-y le lundi ou le jeudi ; le mercredi, on y mange la *braciola in salsa* ; le vendredi, c'est poisson ; et le samedi, on sert l'osso-buco, le plat traditionnel milanais.

Via Rosina, 2 R • ☎ 055 21 85 50 • www.trattoria-mario.com • Lun.-sam. 12h-15h30 • Plats : 7-15 €.

LA CASA DEL VINO

Enoteca (41) Plan C2

Le charme des vieilles boiseries et d'une ambiance populaire pour ce bar à vins planqué derrière les étals du marché au cuir. On y déguste, accoudé au comptoir, des vins de Toscane que l'on peut accompagner d'une salade aux tripes, de *crostini* ou de paninis à toutes les sauces (champignons, tomates séchées, artichauts, tapenade...).

Via dell'Ariento, 16 R • ☎ 055 21 56 09 • www.casadelvino.it • Lun.-jeu. 9h30-15h30, ven.-sam. 9h30-20h (f. sam. juin-juil. et sept.) ; f. août • Paninis : à partir de 3,50 €.

I FRATELLI ZANOBINI

Mescita (42) Plan C2

Doublée d'une boutique, c'est l'une des dernières *mescita* de la ville, un bar à vins où le vin est servi au verre et se consomme debout. Dès 8h30 le matin, les

La Casa del Vino

travailleurs du marché central accompagnent leur collation d'un bon rouge toscan au comptoir. Simone, le sommelier, et Mario, le producteur de vin, ont réuni plus de 2 500 étiquettes (vins, spiritueux et champagne). Vous pourrez y faire l'emplette d'excellents chiantis, de grappa ou d'huile d'olive à rapporter dans vos valises.

Via Sant'Antonino, 47 R • ☎ 055 23 96 850 • Lun.-sam. 8h30-14h et 15h30-20h • Verre de vin : autour de 6 €.

LA MÉNAGÈRE
Bistrot/fleuriste ㊸ Plan D2

Envie de sortir des sentiers battus ? Essayez cet ancien magasin d'articles ménagers (1876) fraîchement converti en bistrot-resto-boutique-de-fleurs-et-de-déco qui combine sur 1 500 m² voûtes d'ogives, objets de récup' et tuyauterie apparente ! C'est résolument branché, parfois un chouïa bruyant mais ultra-sympa à toute heure. On y sert des gnocchis maison, des salades de poulpe poêlé et, pour le goûter, un choix renversant de tartelettes aux fruits.

Via de' Ginori, 8 R • ☎ 055 07 50 600 • www.lamenagere.it • T.l.j. 7h-2h • Plats : 16-22 €.

SIMBIOSI
Pâtes/pizzas bio ㊹ Plan D2

Ne vous trompez pas d'entrée : ce local jeune et décontracté, qui privilégie le bio, le circuit court et les bières artisanales, a un « côté pâtes », le n° 58/60, et un « côté pizzas », le n° 56, où un habile pizzaiolo cuit au feu de bois des gorgonzola-champignons et de généreuses Napoli aux câpres de Pantelleria. La carte des desserts est moins convaincante, mais le glacier d'en face devrait faire l'affaire…

Via de' Ginori 56/58/60 R • www.simbiosi.bio • ☎ 055 06 40 115 • T.l.j. 12h-23h (n° 56) • T.l.j. 12h30-15h et 19h-23h30 (n° 58/60) • Pizzas : 6-11 € ; pâtes : 8-13 €.

La slow-food

À Florence, vous croiserez beaucoup de restaurants affichant un logo avec un petit escargot. Cela indique qu'ils adhèrent au mouvement slow-food. En opposition à la standardisation des goûts et aux méfaits de la restauration rapide, ce mouvement culinaire, né en Italie dans les années 1980, promeut la cuisine maison avec des produits locaux et de saison, privilégie les petits producteurs et prône le respect de l'environnement.

Pour plus d'infos : www.slowfood.it

Simbiosi

EATALY
Épicerie fine/pizzas
45 Plan D2

Voici une chaîne italienne qui fait la part belle aux produits locaux. Pour manger sur le pouce, on s'arrête dans son épicerie, où l'on trouve de la *focaccia*, du jambon ou encore de la tapenade locale. À goûter aussi : les pizzas et les jus de fruits frais du bar à smoothies.

Via dei Martelli, 22 R
- **☎ 055 01 53 601**
- **www.eataly.net**
- **T.l.j. 10h-22h30**
- **Pizzas : 9,50 €.**

CUCINA LORENZO DE' MEDICI
Restaurant-école
46 Plan C2

Les élèves de l'école de cuisine du Mercato Centrale s'affairent au dernier étage du marché, derrière de larges baies vitrées. Tous les soirs, les gourmets ont la possibilité de dîner à la table du chef. Les plus passionnés pourront même s'offrir 2 h de cours (75 € ; 130 €/2 pers.).

Mercato Centrale, via dell'Ariento
- **Rens. à l'Info Point, au 1er ét.**
- **☎ 334 30 40 551**
- **www.cucinaldm.com • Dîner sur résa, minimum 6 pers, 20h-21h30**
- **Menus : 45 et 60 €.**

OSTERIA PEPÒ
Cuisine toscane (47) Plan C2/D2

Cette auberge à l'ambiance familiale propose des spécialités florentines, telles que la *ribollita*, les tripes, le *tagliere* ou les *crostini*. La décoration évoque un bistrot soigné, avec ses tables de bois et ses étagères chargées de bouteilles de vin. Menu varié et bon marché.
Via Rosina, 4/6 R • ☎ 055 28 32 59 • T.l.j. 12h-14h30 et 19h-22h30 • *Primo piatto* : 6-9 € ; *secondo piatto* : 8-14 €.

KONNUBIO
Cuisine toscane (48) Plan C2

Un restaurant à la carte variée, qui compte aussi bien des spécialités toscanes que des plats internationaux. On pratique dans les cuisines le concept du kilomètre zéro, puisque les produits sont en grande partie issus de la région. Les végétariens seront choyés (tarte au boulgour, quinoa à l'aubergine, etc.), au même titre que les carnivores. Au menu : steak de thon, *prosciutto*, morue à la tomate ou encore filet de bœuf. Le cadre est agréable et contemporain, le service efficace.
Via dei Conti, 8 R • ☎ 055 23 81 189 • www.konnubio.com • T.l.j. 7h30-23h • *Primo piatto* : 16-20 € ; *secondo piatto* : 26-32 €.

VOIR AUSSI :
Nerbone | p. 55 | (49) Plan C2

San Marco et la Galleria dell'Accademia (Quartier 6 – p. 58)

LA MESCITA
Osteria (50) Plan D2

Tout le monde se presse dans cette minuscule cantine familiale. Le menu est simple : des antipasti et une variété de plats du jour composés de pâtes toutes plus délicieuses les unes que les autres ! Les places sont comptées, mais cela vaut la peine d'attendre. Vous aurez du mal à trouver mieux et moins cher à Florence.
Via degli Alfani, 70 R • ☎ 347 79 51 604 • T.l.j. 9h-16h ; f. deux sem. en août • Plats du jour : 4-7 €.

ACQUACOTTA
Cuisine toscane (51) Plan E3

Goûtez aux spécialités de la Maremme, la Camargue toscane, à commencer par l'*acquacotta* (8 €), soupe à base de tomates et de pain. Les grillades, comme l'émincé de bœuf sur lit de roquette, et les plats populaires, dont le *bollito misto* (mélange de viandes bouillies, 15 €), figurent au menu de cette trattoria bien connue des Florentins.
Via dei Pilastri, 51 R • ☎ 055 24 29 07 • Mar.-dim. 12h-14h30 et 19h-22h30 • *Primo piatto* : env. 9 € ; *secondo piatto* : env. 16 €.

LE FATE
Cuisine végétarienne et végétalienne
52 Plan D1

Crostini au fromage, lasagnes aux légumes, *polpettine al finocchio* (boulettes au fenouil), autant de spécialités florentines revisitées à la sauce végétarienne et végétalienne. Les produits sont choisis avec soin et accommodés de manière inventive. On termine par des pâtisseries, le tout dans un cadre intime.

Via San Zanobi, 126 R • ☎ 328 24 03 415 • www.ristoranteveganolefate.it • *Primo piatto* : 16 € ; *secondo piatto* : 25 €

IL VEGETARIANO
Cuisine végétarienne
53 Plan D1

Une adresse incontournable pour les amateurs de plats végétariens. Ici, aucun produit d'origine animale, les aliments surgelés et les conserves sont bannis. Tous les jours, le chef propose trois ou quatre plats concoctés à partir de produits frais et de saison : une crème de carotte aux croûtons citronnés, des lasagnes au four avec du radis rouge... La cuisine est savoureuse et inventive. Ne partez pas sans goûter l'un des nombreux desserts.

Via delle Ruote, 30 R • ☎ 055 47 50 30 • www.il-vegetariano.it • Mar.-ven. 12h30-14h30 et 19h30-22h30, sam.-dim. 19h30-22h30 ; f. trois sem. en août • *Primo piatto* : 7 € ; *secondo piatto* : 8,50-9 € ; dessert : 5 €.

CAFFÈ DEL VERONE
Salon de thé/pâtisserie
54 Plan D2

Pour siroter un thé ou un cappuccino au-dessus des toits de Florence, rien de tel que le 4e étage de l'ancien hôpital des Innocents (voir p. 63). Certes, le service y est un tantinet décousu et les snacks concoctés par le pâtissier Robiglio n'ont rien d'inoubliable, mais le panorama sur la coupole de Brunelleschi, le campanile et la synagogue a beaucoup de charme. Accès direct par l'ascenseur du musée.

Spedale degli Innocenti, piazza della Santissima Annunziata, 13 • ☎ 055 20 371 • Facebook : Caffè del Verone • T.l.j. 10h-19h • Thé : 1,50 € ; pannacotta : 3 €.

ARÀ È SICILIA
Pâtisserie/Glaces
55 Plan D2

La toute nouvelle référence florentine en matière de pâtisseries siciliennes et autres *arancini* (sortes de boules de riz farcies à la viande). Arà déploie tout son talent pour donner l'illusion, le temps d'un repas, d'avoir rejoint l'île merveilleuse. Les glaces et les *granite* sont faits maison, quant au service, il est plutôt sympathique. Très bien pour manger sur le pouce.

Via degli Alfani, 127 R • ☎ 333 19 83 927 • www.araesicilia.it • T.l.j. 11h-22h • Plats : 8-20 €.

CARABÈ
Glaces ⑤⑥ Plan D2

Antonio Lisciandro et Loredana Giuttari ont rapporté de leur Sicile natale l'art de faire des sorbets et d'excellentes glaces, aux citrons, noix et pistaches importés de là-bas. Les sorbets aux fruits sont à se damner, tandis que la glace au chocolat est divine…

Via Ricasoli, 60 R • ☎ 055 28 94 76 • www.gelatocarabe.com • Été : t.l.j. 9h-minuit ; hiver : t.l.j. 10h-20h • Glaces deux parfums : 2,50 €.

VOIR AUSSI :

Brunellesco | p. 63 | ⑤⑦ Plan D2

De Santa Croce à Sant'Ambrogio (Quartier 7 - p. 64)

L'ORTONE TRATTORIA
Trattoria ⑤⑧ Plan E3

Avec sa terrasse ouverte sur le marché Sant'Ambrogio, l'Ortone jouit d'une situation parfaite pour observer la vie florentine. La carte est appétissante, avec ses pièces de bœuf grillées. On déjeune dans une ambiance rustique chic, avec murs de pierres apparentes, petites tables de bois et saucissons suspendus au-dessus du bar. Une adresse qui réunit saveur, charme et prix raisonnables.

Piazza Lorenzo Ghiberti, 87 R • ☎ 055 23 40 804 • www.lortone.it • T.l.j. 12h30-15h et 19h-23h30 • *Primo piatto* : 10 € ; *secondo piatto* : 15-22 €.

IL PIZZAIUOLO
Pâtes/pizzas ⑤⑨ Plan E3

Un lieu qui ne désemplit pas. On sert ici la vraie pizza napolitaine faite avec les meilleurs ingrédients :

Il Pizzaiuolo

belles tomates mûres, mozzarella et *fiordilatte*. Trente sortes de pizzas, des antipasti, du risotto, des pâtes, des plats de poisson, et bien sûr, parmi les vins de Campanie, le célèbre lacryma-christi del Vesuvio.
Via de' Macci, 113 R • ☎ 055 24 11 71 • www.ilpizzaiuolo.it • Lun.-sam. 12h30-15h et 19h-minuit ; f. trois sem. en août • Pizzas : 6-10 €.

FORNO DE' GHIOTTI
Pizzas/sandwichs
(60) Plan D3

Près du théâtre de la Pergola et du musée dell'Opera di Santa Maria del Fiore, cette *panineria* présente une carte variée de sandwichs et pizzas cuites au four à bois. Une option pas chère pour manger sur le pouce.
Via Sant'Egidio, 49 R • ☎ 055 20 01 950 • Formule : 5 €.

DROGHERIA
Grill (61) Plan E3

Situé à l'extrémité est du quartier Sant'Ambrogio, ce restaurant sert des grillades, steaks tartares inventifs et burgers maison à accompagner de cocktails, dans une déco industrielle de pierre et de métal. Pour les amateurs de viande, l'endroit est tout indiqué. Dommage que le service soit un peu lent.
Piazza Pietro Annigoni, 22 • ☎ 055 24 78 869 • www.drogheriafirenze.it • T.l.j. 10h-3h • Plats : 12-21 €.

IL CIBRÈO
Cuisine toscane (62) Plan E3

C'est l'un des restaurants les plus courus de Florence depuis 30 ans. Les antiques recettes toscanes comme le *cibrèo* (plat à base de poulet et d'œufs dans un bouillon), sont revisitées. Pas de pâtes, mais de délicieuses *minestre* et des spécialités de pied de veau, de pigeon rôti et farci à la *mostarda di frutta* (36 €) et de polenta. L'addition est celle d'un restaurant gastronomique, mais pour les petits budgets, on retrouve la même qualité à moitié prix au Caffè Cibrèo voisin (voir ci-dessous).
Via A. del Verrocchio, 8 R • ☎ 055 23 41 100 • www.cibreo.it • Mar.-dim. 13h-14h30 et 19h-23h15 • *Primo piatto* : 22 € ; *secondo piatto* : 40 € ; menu gastronomique : 70 €.

CAFFÈ CIBRÈO
Café/cuisine toscane
(63) Plan E3

En face du célèbre restaurant, on peut manger dans le petit café habillé de boiseries où les quelques tables sont prises d'assaut à l'heure du déjeuner ou après les séances de cinéma du soir. On est assuré d'être servi de bons plats issus de la tradition toscane dans une ambiance vivante et branchée.
Via A. del Verrocchio, 5 R • ☎ 055 23 45 853 • www.cibreo.it • Mar.-dim. 9h-1h • *Primo piatto* : 16 € ; *secondo piatto et contorni* : 32 € ; menu midi : 30-35 €, menu soir : 55 €.

Notre top DES *ENOTECHE*

Le centre historique de Florence regorge de petites œnothèques où l'on peut siroter un verre de vin toscan tout en goûtant aux fromages, jambons et autres produits du terroir. Voici les plus accueillantes pour un déjeuner gourmand ou un dîner informel.

ENOTECA ALESSI

Plus de 2500 étiquettes et tout plein d'en-cas pour faire le tour du monde en vin. Voir p. 91.

LA CANTINETTA DEI VERRAZZANO

Élégante cantine où l'on peut tester les crus du château de Greve en compagnie d'une savoureuse *focaccia*. Voir p. 92.

PITTI GOLA E CANTINA

Un talentueux trio de jeunes sommeliers qui privilégie les petits producteurs. Voir p. 112.

VIVANDA

Dans le quartier de San Frediano, un petit local qui mise sur les vins bio et les produits de la ferme.
Voir p. 112.

LE VOLPI E L'UVA

Un joli choix de chiantis et de hors-d'œuvre (*stuzzichini*) servis dans un cadre intime et chaleureux.
Voir p. 112.

IL SANTO BEVITORE

Une *enoteca* réputée de l'Oltrarno, doublée d'une annexe moins chère juste à côté, Il Santino. Voir p. 115.

La Cantinetta dei Verrazzano

SAN MICHELE ALL'ARCO
Cuisine italienne bio
64 Plan D3

Ce joli restaurant possède une ferme bio dans la région et se fournit exclusivement là-bas. Le menu est donc très varié et toujours en fonction de la saison. À goûter, les *tortelli* à la tomate et les boulettes de viande aux pois chiches. On apprécie aussi le cadre agréable, la petite terrasse sous les voûtes et le service attentionné. Une excellente adresse.

Via dell'Oriuolo, 3 R
• ☎ 055 24 56 26
• www.sanmicheleallarco.it
• Lun. 18h30-22h30, mar.-dim. 12h-15h et 18h30-22h30 • *Primo piatto* : 8-14 € ; *secondo piatto* : 14-18 €.

VIVOLI
Glaces
65 Plan D3

La ronde des passants une glace à la main vous mènera infailliblement aux portes du meilleur glacier de la ville, qui officie depuis 1932. Été comme hiver, on fait la queue devant le comptoir où sont alignés une trentaine de parfums rares. Il va sans dire que toutes les glaces sont faites maison. Une institution.

Via Isola delle Stinche, 7 R
• ☎ 055 29 23 34 • www.vivoli.it
• Mar.-sam. 7h30-21 (minuit en été), dim. 9h30-21h (minuit en été)
• Glaces : 2 € la petite coupe.

VOIR AUSSI :

Le Murate | p. 67 | 66 Plan E3

L'Oltrarno, Santo Spirito et San Frediano (Quartier 8 - p. 68)

IL CHICCO DI CAFFÈ
Trattoria
67 Plan C4

C'est la cantine italienne par excellence ! Les habitués s'installent au coude à coude pour déguster la cuisine d'une *mamma* généreuse et souriante. Au menu, des côtelettes-frites (10 €) le samedi, des tranches de bœuf servies avec des légumes, ou de la morue le vendredi. Une pause déjeuner sans prétention et authentique.

Via della Chiesa, 16 R
• ☎ 335 69 23 465 • T.l.j. 12h-15h et 19h30-23h • Plats : autour de 8 €.

SABATINO
Trattoria
68 Plan B3

Des faïences aux murs, des tables couvertes de toile cirée, des jambons pendus au plafond, des fiasques de chianti sur les étagères… le décor est planté pour déguster une bonne cuisine familiale dont le menu varie tous les jours avec une spécialité quotidienne comme le *lampredotto* (tripes de veau bouillies, 5,80 €) le mardi et le *baccalà* (morue salée, 6 €) le vendredi. Bon et pas cher !

Via Pisana, 2 R • ☎ 055 22 59 55
• www.trattoriasabatino.it

• Lun.-ven. 12h-14h30 et 19h15-22h • *Primo piatto* : à partir de 5 € ; *secondo piatto* : à partir de 6 €.

ALLA VECCHIA BETTOLA
Trattoria ⑥⑨ Plan B4

Une cantine florentine, où l'on déjeune au coude à coude sur de grandes tablées, dans une ambiance joyeusement bruyante. La spécialité est la *bistecca alla fiorentina*, mais le menu compte d'autres recettes locales, telles que le *fritto misto* (viande et légumes frits) et le veau grillé.
Via Vasco Pratolini, 3 • ☎ 055 22 41 58 • Mar.-sam. 12h-14h30 et 19h-22h30 (t.l.j. en déc.) • Plats : 15-25 €.

TRATTORIA NAPOLEONE
Trattoria ⑦⓪ Plan B3

Un restaurant qui place la viande et la truffe au cœur de son menu. Les plats copieux sont issus de la cuisine régionale traditionnelle et plutôt bien réalisés. On apprécie la terrasse sur la place, mais la salle intérieure vaut le coup d'œil pour sa déco rustico-baroque un peu kitsch.
Piazza del Carmine, 24 • ☎ 055 28 10 15 • T.l.j. 19h-1h • Plats : 15-35 €.

PITTI GOLA E CANTINA
Enoteca ⑦① Plan C4

Une *enoteca* de luxe, juste en face du palais Pitti. Au menu, des soupes, des pâtes fraîches et des viandes braisées, et une très grande sélection de vins toscans comme le brunello di Montalcino (10-14 € le verre).
Piazza de' Pitti, 16 R • ☎ 055 21 27 04 • www.pittigolaecantina.com • Mer.-lun. 13h-23h • Plats : 9-15 €.

VIVANDA
Enoteca bio ⑦② Plan B3-4

« La première œnothèque bio de Florence », dit la pancarte à l'entrée. Plus de 120 étiquettes de vins biologiques italiens et des tirettes pour déguster les vins du jour. Dans les assiettes, on trouve des légumes de saison produits dans la région, du fromage, des pâtes maison et de la viande de qualité issue d'animaux élevés en plein air. Une fois par mois, la dégustation se fait en musique. Dommage que l'accueil soit un peu froid.
Via Santa Monaca, 7 R • ☎ 055 23 81 208 • www.vivandafirenze.it • T.l.j. 11h30-15h et 18h30-23h • Vin au verre : 4-5 € ; plats : 6-14 € ; planches : 15-25 €.

LE VOLPI E L'UVA
Enoteca ⑦③ Plan H8

À deux pas du Ponte Vecchio, sur une petite place nichée à l'ombre de l'église Santa Felicita, un endroit discret qui tient du *bàcaro* vénitien. Un œnologue et un sommelier ont conjugué leurs talents pour sélectionner une quarantaine de vins à déguster avec des fromages ou de la charcuterie. Un accueil parfait et une addition raisonnable.

Piazza dei Rossi, 1 R • ☎ 055 23 98 132 • www.levolpieluva.com • T.l.j. 11h-21h ; f. dim. juil.-août • Verre de vin : 4-8 €.

'L TRIPPAIO DI SAN FREDIANO
Tripes ⑭ Plan B3

Pour goûter au fameux *lampredotto* ou aux tripes à la florentine, rien de tel que ce stand prisé des locaux, qui sert une petite dizaine de sandwichs.

Piazza dei Nerli • Lun.-ven. 10h-18h • Sandwichs : 3,50-4,50 €.

5ECINQUE
Salades/bio ⑮ Plan G8

Sur la tranquille piazza della Passera, faites une pause pour « manger naturel ». Tous les produits sont bio à 95 % et déclinés en salades de saison.

Piazza della Passera, 1 R • ☎ 055 27 41 583 • www.5ecinque.it • Mar.-dim. 12h-15h et 19h-22h • Plats : 4,50-13 €.

TAMERÒ
Pâtes/salades ⑯ Plan C4

Pris d'assaut à toute heure de la journée, ce restaurant de pâtes et de salades donne sur la sympathique piazza Santo Spirito. Tout est préparé à la commande et les produits sont très frais. Rien de tel que de regarder le cuisinier s'affairer derrière les baies vitrées, avant de vous installer en terrasse pour profiter de la douceur

'L Trippaio di San Frediano

florentine. Passé 23h, l'endroit se transforme en club électro et funk.

Piazza Santo Spirito, 11 R • ☎ 055 28 25 96 • www.tamero.it • T.l.j. 12h-15h et 19h-2h • Menu déjeuner : 10 € ; plats : 10-20 € ; buffet *aperitivo* (18h30-20h30) : 10 €.

CUCULIA
Fromages et charcuterie
⑰ Plan C3

On connaissait les cafés-librairies, voici désormais le restaurant-librairie. On dîne ici d'un *tagliere* typiquement toscan (une sélection de différents fromages et viandes servie sur un plateau), tout en profitant de la musique ou en lisant l'un des livres mis à disposition. L'endroit est intime, confortable et idéal pour une soirée entre amis.

Via dei Serragli, 3 R • ☎ 055 27 76 205 • www.cuculia.it • Mar.-sam. 15h-minuit, dim. 12h-23h • Plats : 11-18 €.

JT CAFFÈ
Brasserie (78) Plan C4

Difficile de faire son choix parmi toutes les « cantines » qui bordent la piazza Pitti. Nous, on a un faible pour cette petite brasserie un peu mode, très prisée à l'heure de l'apéro, qui propose de grosses salades, des plats de pâtes fraîches (les tagliatelles au parmesan de Marzia sont très réussies) et un cheesecake revisité. Dommage que les prix se haussent un peu trop du col (10 € la limonade maison fraise-basilic).

Piazza Pitti, 32/33 R • ☎ 055 28 11 43 • www.jtcaffe.com • T.l.j. 8h-21h • Grandes salades : 9-13 € ; pâtes et risotto : 9-16 €.

CAFFÈ PITTI
Café/cuisine toscane
(79) Plan C4

En face du Palazzo Pitti, ce café offre des tables en terrasse et un beau décor lounge pour prendre le thé ou un déjeuner léger jusqu'à 16h, ou bien déguster le soir les spécialités toscanes à base de truffe. Ambiance sympa et carte des vins intéressante.

Piazza de' Pitti, 9
• ☎ 055 23 99 863
• www.caffepitti.it
• T.l.j. 11h-23h
• Menus : 15 € le midi ; 25 € le soir.

AL TRANVAI
Cuisine toscane (80) Plan B4

Ce petit bar-restaurant bien connu des Florentins, où l'on discute avec les voisins de table, régale ses clients de plats typiquement toscans comme la *pappa al pomodoro* (9 €) ou, en second plat, les abats, la *trippa alla fiorentina* (10 €), le *lampredotto bollito* (9 €). En dessert, de délicieuses tartes maison.

Piazza Torquato Tasso, 14 R
• ☎ 055 22 51 97
• www.altranvai.it
• Lun. 19h30-22h30, mar-sam. 12h30-14h30 et 19h30-22h30
• *Primo piatto* : 8-12 € ; *secondo piatto* : 9-13 €.

ALL'ANTICO RISTORO DI'CAMBI
Cuisine toscane ⑧① Plan B3

Une adresse que se chuchotent les Florentins tant pour la qualité de l'accueil que pour la cuisine. On y sert la meilleure *bistecca alla fiorentina* (40 €/kg) et des spécialités introuvables ailleurs, comme la *finocchiona* (salami au fenouil) et la cervelle frite. Les vins sont exclusivement toscans et l'addition est vraiment très correcte.

Via Sant'Onofrio, 1 R • ☎ 055 21 71 34 • www.anticoristorodicambi.it • Lun.-sam. 12h-14h30 et 18h30-22h30 • *Primo piatto* : 8-12 € ; *secondo piatto* : 12-20 €.

LA CASALINGA
Cuisine toscane ⑧② Plan C4

Dans une grande salle, on mange une cuisine toscane familiale apportée par des serveurs sympathiques, peu avares de conseils et d'anecdotes. Étant donné que c'est succulent et pas cher, on devient vite un habitué !

Via de' Michelozzi, 9 R • ☎ 055 21 86 24 • www.trattorialacasalinga.it • Lun.-sam. 12h-14h30 et 19h-22h ; f. en août • Plats du jour : 9-10 €.

IL SANTO BEVITORE
Cuisine toscane ⑧③ Plan C3

Un endroit atypique pour le quartier, alliant la décontraction et les produits du terroir d'une *enoteca* au raffinement et à la haute cuisine d'un grand restaurant. Le chef propose une carte créative, en mariant des saveurs inhabituelles. Vous préféreriez quelque chose de moins cher et de plus intime ? Essayez l'annexe, Il Santino, au nº 60 : c'est un enchantement...

Il Santo Bevitore

Via di Santo Spirito, 64-66 R • ☎ 055 2112 64 • www.ilsantobevitore.com • Lun. 19h30-23h30, mar.-dim. 12h30-14h30 et 19h30-23h30 • *Primo piatto* : 8,50-12 € ; *secondo piatto* : 10-28 € ; soupe : 8 €.

BORGO SAN JACOPO
Cuisine italienne ⑧④ Plan G8

Le restaurant s'étend sur deux étages en bordure de l'Arno. Son décor glamour se veut un hommage aux stylistes des années 1950. Une clientèle sophistiquée vient déguster des classiques italiens de saison, revisités par le chef Peter Brunel, ainsi que d'excellents crus. Pour un dîner intime estival, réservez la petite terrasse sur l'Arno.
Borgo San Jacopo, 62 R • ☎ 055 28 16 61 • www.borgosanjacopo.com • T.l.j. 19h30-22h • *Primo piatto* : 32 € ; *secondo piatto* : 42-45 € ; menus dégustation : 115 et 120 €.

CAFFÈ BELLINI
Cuisine napolitaine ⑧⑤ Plan C4

Juste en face du palais Pitti, un café qui ne paie pas de mine, mais dont la propriétaire, Titta, a vraiment à cœur de vous faire partager son amour pour une cuisine napolitaine familiale. Elle sait parler de sa cuisine et des produits frais qu'elle achète. Elle propose chaque jour un plat différent.
Piazza de' Pitti, 6 A • ☎ 055 21 29 64 • www.caffebellinifirenze.it • T.l.j. 8h-23h • *Primo piatto* : 7-10 € ; *secondo piatto* : 9-11 €.

TRATTORIA 4 LEONI
Cuisine créative ⑧⑥ Plan G8

Mi-campagnard, mi-branché, le décor de cette ancienne grange est en accord parfait avec une cuisine créative très appréciée par les jeunes Florentins et le monde de la couture et du cinéma. On y goûte des antipasti chauds en hiver, des salades en été, sur une grande terrasse piazza della Passera, presque ignorée des voitures.
Via dei Vellutini, 1 R • ☎ 055 21 85 62 • www.4leoni.com • T.l.j. 12h-minuit • *Primo piatto* : 9-12 € ; *secondo piatto* : 12-25 €.

L'OV
Cuisine végétarienne
⑧⑦ Plan B3

Simone Bernacchioni a investi l'ancien marché au poisson de la place du Carmel pour y créer une « *osteria* végétarienne pour tous ». Et le résultat ne manque pas de sel : un comptoir végétalisé, des coussins pimpants et des plats toscans qui lorgnent du côté du Pérou, du Japon et de la Grèce, selon deux catégories de prix : le *prima* (« avant ») et le *dopo* (« après »). Prêt pour une salade pastèque, fenouil et feta ?
Piazza del Carmine, 4 R • ☎ 055 20 52 388 • www.osteriavegetariana.it • Lun.-sam. 19h-23h • « Prima » : 9-10 € ; « dopo » : 9-15 €.

L'OV

MAMA'S BAKERY
Café/pâtisserie (88) Plan B4

Ce café aux accents américains cache une incroyable cour intérieure et un coin garni de livres et de jeux pour distraire les enfants. Parfait pour le goûter ! Oubliez un instant les glaces italiennes et laissez-vous tenter par un cheesecake, un brownie ou une délicieuse *apple pie*.

Via della Chiesa, 34 R • ☎ 055 21 92 14 • www.mamasbakery.it • Lun.-ven. 8h-17h ; sam.-dim. 9h-15h • Pâtisseries : 1-4 €.

S. FORNO
Boulangerie (89) Plan B3-4

Une boulangerie odorante, qui prepare de bons sandwichs avec de la charcuterie et des fromages de la région. Pour une pause rapide et appétissante.

Via Santa Monaca, 3 R • ☎ 055 23 98 580 • T.l.j. 7h30-19h30 • Sandwichs : env. 5 €.

FORNO PINTUCCI
Boulangerie (90) Plan C4

Pour déjeuner sur le pouce près du musée zoologique La Specola, cette boulangerie sert de bonnes *focaccias* fourrées et pizzas, ainsi que des pâtisseries alléchantes.

Via delle Caldaie, 12 R • ☎ 055 35 72 58 • www.fornopintucci.it • Lun.-sam. 7h-13h30 et 16h-19h30, dim. 8h-13h • À partir de 2 €.

GELATERIA LA CARRAIA
Glaces ⑨① Plan C3

Cette *gelateria* réserve bien des surprises. Trente-quatre parfums pour se régaler. Il y a les classiques qui font la force de la maison, comme noisette, pistache, cheesecake ou cookies, mais aussi toutes les inventions du patron qui suit l'inspiration du moment. À découvrir, une glace tiramisu aux fruits des bois ou ricotta-poire.

Piazza Nazario Sauro, 25 R • ☎ 055 28 06 95 • Eté : t.l.j. 10h30-minuit ; hiver : t.l.j. 11h-23h ; f. 1er janv. • Glaces deux parfums : 2 €.

GELATERIA DELLA PASSERA
Glaces 92 Plan G8

Chaque semaine, Cinzia Otri prépare avec passion 20 délicieux parfums qui respectent le cycle des saisons. Des classiques, comme la glace au mojito ou le sorbet à l'abricot (de fin mai à août), et des compositions plus audacieuses, gingembre, cardamome et citron ou encore vanille, zeste d'orange et clou de girofle... On comprend qu'elle ait été élue « meilleur glacier artisanal » de Florence en 2017.

Via Toscanella, 15 R • ☎ 055 29 18 82 • Facebook : Gelateria della Passera • T.l.j. 12h-23h • Glaces un parfum : 1 €.

GELATERIA SANTA TRINITA
Glaces 93 Plan G8

Cette *gelateria*, située juste après le Ponte Santa Trinita, est une autre excellente adresse de glaces maison, avec des produits frais, où les Florentins s'arrêtent sans hésiter. Les goûts sont raffinés et subtils. À côté, une pièce est consacrée aux produits du terroir.

Piazza Frescobaldi, 12 R • ☎ 055 23 81 130 • T.l.j. 11h-23h • Glaces deux parfums : 1,90 €.

VOIR AUSSI :

La Sorbettiera | p. 71 | 94 Plan B4

San Miniato et San Niccolò (Quartier 9 – p. 74)

ANTICA MESCITA SAN NICCOLÒ
Osteria 95 Plan D4

Ce restaurant occupe la crypte millénaire de l'église San Niccolò ! On y sert un excellent chianti pour accompagner une cuisine toscane simple et exquise : petites salades goûteuses, soupe aux haricots et au chou noir, ainsi que des plats introuvables ailleurs, comme cette spécialité d'Impruneta, le *peposo*, un ragoût de viande au vin et au piment cuit au four (cuisiné en hiver). Un des derniers bistrots traditionnels, où l'ambiance est chaleureuse.

Via di San Niccolò, 60 R • ☎ 055 23 42 836

Les meilleurs GLACIERS

On dit que la glace, à Florence, aurait été inventée au début du XVIe s., lors d'un concours organisé par les Médicis. Aujourd'hui, la tendance est au « gelato km 0 », avec du lait de la campagne alentour et des artisans très créatifs.

LA SORBETTIERA

Au citron-sauge ou à la rose, leurs sorbets sont un petit miracle d'harmonie. Voir p. 71.

LA STREGA NOCCIOLA

À l'enseigne de la fée Carabosse, une bonne adresse aux abords du Duomo. Voir p. 95.

PERCHÈ NO !...

Un autre glacier historique avec une farandole de parfums irrésistibles : kaki, gingembre et thé vert... Voir p. 95.

VIVOLI

Figue-miel et pecorino : le plus vieux glacier de Florence n'est pas le moins audacieux.
Voir p. 111.

Gelateria della Passera

GELATERIA DELLA PASSERA

L'une des meilleures *gelaterie* d'Italie se cache sur une charmante placette de l'Oltrarno.
Voir p. 118.

GELATERIA SANTA TRINITA

Une longue file d'attente, un service un peu rude parfois, mais toujours quelques pépites en rayon.
Voir p. 118.

• www.osteriasanniccolo.it • T.l.j. 12h-minuit • *Primo piatto* : 6-10 € ; *secondo piatto* : 10-18 €.

ENOTECA FUORI PORTA
Enoteca (96) Plan D4

À l'abri des remparts, une petite terrasse et un accueil chaleureux, pour un dessert ou une petite collation qui s'accorde aux vins de la maison. Le choix est vaste : près de 600 étiquettes de vins de Toscane et d'autres régions d'Italie.
Via del Monte alle Croci, 10 R • ☎ 055 23 42 483 • www.fuoriporta.it • Nov.-mars : t.l.j. 12h30-15h30 et 19h-minuit ; avr.-oct. : t.l.j. 12h-minuit • Plats du jour : 7-13 €.

LA BEPPA FIORAIA
Cuisine toscane (97) Plan D4

Sa situation excentrée sur les hauteurs de l'Oltrarno lui vaut une clientèle exclusivement florentine, attirée par sa cuisine toscane authentique et à un prix raisonnable. Dans le beau jardin arboré comme dans la salle faite de verrières et boiseries, on se laisse tenter par des recettes très simples, comme le risotto aux artichauts, la salade d'épeautre et de moules ou la *tagliata* (18,50 €). Les desserts sont faits maison, l'accueil est chaleureux et les assiettes servies généreusement.
Via dell'Erta Canina, 6 R • ☎ 055 23 47 681 • www.labeppafioraia.it • T.l.j. 12h30-14h30 et 19h30-23h30 ; f. le midi en août • Résa. conseillée le w.-e. • *Primo piatto* : 8-10 € ; *secondo piatto* : 15-22 € ; pizzas : 5,50-8 €.

LUNGARNO 23
Cuisine italienne (98) Plan D4

Depuis son ouverture, ce restaurant ne désemplit pas. Les propriétaires y cuisinent les produits de leur ferme. Allez-y pour déguster des hamburgers de luxe à base de

chianina, la race de bœuf toscane qui fournit une viande tendre et qui fait la renommée de la *bistecca alla fiorentina*. Succulent !
Lungarno Torrigiani, 23 R
• ☎ 055 23 45 957 • www.lungarno23.it
• Lun.-ven. 19h-23h, sam.-dim. 12h30-15h et 19h-23h • Burgers : 14-25 €.

VOIR AUSSI :

Il Rifrullo | p. 76 | (99) Plan D4

Fiesole (Visite 10 - p. 78)

VINANDRO
Osteria (100) Hors plan par F1

Voici une trattoria sympathique et traditionnelle, située sur la place du village, qui sert une cuisine simple et savoureuse. Attablé à la petite terrasse, on goûte aux *tortelli* à la morue, au pain de fenouil ou bien à un excellent risotto d'asperges. Le menu change en fonction de la saison. Service cordial et atmosphère familiale.
Piazza Mino Da Fiesole, 33
• ☎ 055 59 121 • http://vinandro.it
• T.l.j. 12h-minuit (f. lun. l'hiver) • *Primo piatto* : 8 € ; *secondo piatto* : 9-18 €.

VOIR AUSSI :

La Reggia degli Etruschi | p. 80

Autour de Florence, les villas des Médicis (Visite 11 - p. 82)

VOIR LA PAUSE :

La Capponcina | p. 84

Le *lampredotto*

Vous ne trouverez cette spécialité qu'à Florence. Les tripes (la caillette, précisément) sont tranchées finement et cuites au court-bouillon. Elles sont ensuite servies dans un pain rond, accompagnées d'une sauce verte (aux herbes) ou rouge (au piment). La plupart des Florentins les dégustent debout accoudés aux petites baraques des tripiers ambulants. Si cette découverte gastronomique vous tente, testez le tripier installé à Sant'Ambrogio, via dei Macci (E3) ; ou celui de la Loggia del Mercato Nuovo (voir p. 45), Il Porcellino.

Saveurs toscanes

Huile d'olive parfumée, viande goûteuse, légumes de saison, charcuterie suave, herbes aromatiques, fromages de brebis, vins de qualité... tous ces produits du terroir sont les ingrédients d'une cuisine rustique, simple et savoureuse qui réjouit les papilles. Certaines recettes, qui se transmettent depuis des générations, remonteraient aux Étrusques... C'est dire si la tradition du bien-manger est bien enracinée dans le sol toscan !

RECETTES DE LA RENAISSANCE

La jeune Catherine de Médicis, fiancée au futur roi Henri II, n'arriva pas seule en France en 1533. Dans sa suite, une armée de chefs et de marmitons prit possession des cuisines du Louvre. Outre l'usage de la fourchette, méconnue dans ce pays « barbare », quelques recettes toscanes, dont le canard à l'orange (*anitra all'arancia*), firent florès, au point d'être considérées comme typiquement françaises.

CUCINA POVERA

Si la cuisine toscane utilise des produits du terroir, c'est parce que les paysans ne pouvaient s'offrir des produits d'importation. Ainsi, la farine de **châtaigne** est-elle à la base de nombreux desserts. La saveur particulière du porc est due au fait que les cochons sont nourris aux **faines** (fruit du hêtre). Les **pignons, herbes sauvages** et **champignons** sont abondamment utilisés. Le **pain sans sel,** pilier de l'alimentation, entre dans la composition de nombreux plats comme la *minestra di pane*, la *panzanella* et la *ribollita*...

ANTIPASTI

Outre les variétés de **pâtes,** c'est par l'excellente **charcuterie** du terroir que l'on commence le repas. Essayez le ***prosciutto di cinghiale,*** jambon de sanglier, spécialité de la Maremme, ou le ***prosciutto casalingo sotto cenere,*** un jambon affiné sous la cendre de bois. On trouve aussi une ribambelle de ***crostini,*** des tartines très croustillantes garnies de champignons, de pâté de foie de volaille, de tapenade ou de légumes.

DES HARICOTS À PROFUSION

On mange des haricots blancs toute l'année, frais ou secs. Cuisinés avec de l'huile d'olive, de l'ail, de la sauge fraîche et des tomates (*all'uccelletto*),

ils se mangent chauds ou froids. La célèbre *ribollita* (soupe aux haricots) à base de haricots bouillis, poireaux, carottes, tomates, céleri, chou, ail et thym est un plat qui se consomme plutôt en hiver, accompagné de pain noir et d'huile d'olive fruitée.

LES MUSTS

Un des plats les plus réputés est la ***bistecca alla florentina,*** une côte de bœuf de la race chianina, d'une découpe spéciale, cuite sur la braise et arrosée d'un filet d'huile d'olive. Pour les amateurs d'abats, la ***trippa alla fiorentina*** (tripes à la tomate, à l'oignon et au parmesan) est une découverte, tout comme le ***fritto misto,*** qui mêle des croquettes de cervelle, du ris de veau, des artichauts, des courgettes et des côtelettes d'agneau, le tout roulé dans de la farine et de l'œuf battu, frit puis doré à l'huile.

DOLCI ET *GELATI*

Entre autres pâtisseries et gâteaux florentins, le ***zuccotto*** est un petit gâteau en dôme fourré au chocolat, aux amandes et aux noisettes. La ***schiacciata alla fiorentina,*** gâteau léger saupoudré de sucre glace, se consomme pendant le carnaval, de même que le ***bugie*** (beignet sucré). Le ***castagnaccio*** est un gâteau à base de farine de châtaigne et de raisins secs, et les ***cantucci*** sont des biscuits aux amandes qui se dégustent avec un verre de *vin santo.* Enfin, le ***panforte*** aux fruits confits, épices et amandes est le gâteau de Noël par excellence. Les gourmands se feront aussi plaisir avec les glaces parfumées dans l'une des *gelaterias* de la ville.

EXTRA VERGINE

On reconnaît l'huile d'olive produite en Toscane à sa couleur jaune-vert et à son goût fruité. Les olives, récoltées à l'automne, quand elles sont encore vertes, sont broyées en une pâte épaisse, étalée ensuite sur des plateaux de vannerie empilés et pressés à froid. Du liquide odorant qui s'en échappe naît, après avoir été débarrassé de son eau de végétation et des résidus de pâte, l'huile d'olive extra-vierge. Quand on sait que les oliviers ne donnent de bonnes récoltes que tous les deux ans, que la cueillette se fait manuellement, qu'il faut presser 5 kg d'olives pour obtenir un litre d'huile et que la bactérie *Xylella,* qui s'attaque aux oliviers, menace l'économie du secteur, on comprend pourquoi son prix est élevé.

Chianti et vins florentins

On ne peut évoquer la Toscane sans penser au chianti. Pourtant, la célèbre fiasque entourée de paille n'est pas le seul vin à figurer sur la table des Florentins. Il existe d'autres nectars distingués par le label D.O.C.G. ainsi que d'agréables vins blancs secs, dont la vernaccia, qui faisait déjà les délices du pape Martin IV au XIIIe siècle.

LA RECETTE DU BARON RICASOLI

C'est au baron Ricasoli que l'on doit la création, en 1837, du chianti. Propriétaire du Castello di Brolio, il sillonna la France et l'Allemagne pour étudier toutes les facettes de la viticulture et importa de nombreux cépages. Mais c'est de l'association de trois cépages toscans que naquit le chianti. L'essentiel du bouquet est donné par le sangiovese, le canaiolo en tempère la rudesse, tandis que la malvasia le rend plus léger. Il fallut attendre 1932 pour que des décrets fixent des zones de production, et 1965 pour que le ministère de l'Agriculture établisse l'appellation d'origine contrôlée (D.O.C.) garantissant la production d'un vin de qualité.

LA RENAISSANCE DU CHIANTI

Depuis 20 ans, le chianti, qui avait mauvaise réputation, a décroché ses lettres de noblesse. La mise en place en 1984 des D.O.C.G., plus strictes que les D.O.C., imposa la réduction du pourcentage des raisins blancs - auto-

Petit guide des vins du Chianti

Ce sont les zones de production et la nature des sols, non la qualité des cépages, qui déterminent les différentes appellations du chianti. Ainsi, le chianti classico authentifié par le label « Gallo nero » (coq noir), plus complexe et long en bouche que les autres chiantis, est produit uniquement entre Sienne et Florence sur des sols calcaires ou argilo-schisteux à une altitude de 150 à 550 m. Le chianti putto, lui, compte six zones produisant un vin plus léger et de consommation rapide. Parmi celles-ci, les chiantis rufina et montalbano ont de bons crus, les Colli fiorentini et Colli pisani, avec une faible production, sont proches des meilleurs classico ; et les deux dernières - Colli aretini et Colli senesi - sont de qualité plus médiocre : on les utilise pour le coupage de vins provenant d'autres régions d'Italie.

risés jusqu'à 30 % pour l'élaboration de vin rouge en 1967 - et permit d'éliminer de nombreux mauvais vins. L'adoption de bouteilles bordelaises remplaçant la fiasque et une bonne politique de marketing firent le reste. On assista à l'apparition de vins nés du mariage entre le cabernet sauvignon et le sangiovese. L'exemple du comte Contini Bonacossi, le premier à incorporer un peu de cabernet à son carmignano (D.O.C.), fut bientôt suivi par le marquis Antinori. Avec son tignanello, il démontra qu'un vin étiqueté *vino da tavola* pouvait être 10 fois plus prestigieux - et 10 fois plus cher ! - que son célèbre D.O.C.

LE BRUNELLO DI MONTALCINO, PERLE DE L'ŒNOLOGIE TOSCANE

Sur les collines de Montalcino, on produit le vin le plus cher d'Italie. Possédant des qualités de longévité exceptionnelles, le brunello di Montalcino fut créé à la fin du XIXe s. par Ferruccio Biondi-Santi. Il sélectionna un clone du sangiovese grosso, cépage identifié depuis le XVIe s. et dont l'étymologie, *sanguis jovis* (sang de Jupiter), confirme l'ancienneté. Une très faible production et une sélection rigoureuse des grappes vendangées à la main donnent un vin concentré et tannique, d'où son nom de « brunello » (petit brun). Vieilli pendant quatre ans dans des foudres de chêne, plus trois ans en bouteille, il est le premier vin à avoir bénéficié de l'appellation D.O.C.G. Mais il faut s'armer de patience avant de le boire, car meilleure est l'année, plus il faut attendre ! Vingt ans pour un bon *brunello* et 50 ans pour un excellent. Les plus pressés se tourneront vers le rosso di Montalcino, plus léger.

DE NOBLES VINS

Au sud du Chianti, où les écarts thermiques sont moins marqués, on élève le D.O.C.G. vino nobile di Montepulciano, à la robe grenat et au délicat arôme de violette. Obtenu à partir de cépages rouges locaux, prugnolo gentile et canaiolo, il a un équivalent en D.O.C., le rosso di Montepulciano. Quant à la vernaccia di San Gimignano, qui protège une spécialité du Moyen Âge, elle est produite dans le bourg homonyme. Elle était appréciée des Médicis ; tout comme un vin fort et sucré élaboré selon l'antique tradition grecque, le *vin santo*, ambré et moelleux en bouche.

Bars, clubs & sorties

PAR QUARTIER

Les coups de cœur DE NOTRE AUTEUR

***Aperitivo*, disco-bars et cafés littéraires, notre auteur a testé tous les concepts. Entre un *bicchiere* de chianti, un début de soirée en musique et une pinte de bière artisanale, voici ses adresses préférées.**

LE MURATE

Un café intello et original, coincé entre les murailles d'une ancienne prison. Voir p. 67.

DITTA ARTIGIANALE

On s'y presse pour son *aperitivo* sur fond de musique live. Une vraie petite ruche ! Voir p. 131.

Ditta Artigianale

Le Murate

SESTO ON ARNO

À deux pas de l'Arno, un bar d'hôtel pour un cocktail chic avec vue sur les toits de Florence. Voir p. 134.

LA BOÎTE

Souriant et cosy, un tout petit bar à tout petits prix, derrière le Museo Novecento. Voir p. 134.

SOUL KITCHEN

Pour ses sympathiques soirées avec apéro-buffet et DJ aux platines. Près de Santa Croce. Voir p. 137.

À SAVOIR

ON SORT OÙ ?

Bars à vins et cafés sympas abondent dans les quartiers de **Santa Croce** et de **Sant'Ambrogio.** Plus touristiques, les terrasses de cafés de la **piazza della Repubblica** ou de la **piazza della Signoria** constituent un bon poste d'observation. Mais c'est de l'autre côté de l'Arno que les Florentins s'amusent. Les quartiers de **Santo Spirito, San Frediano** et **San Niccolò** sont très animés toute l'année, que ce soit sur les places ou dans les bars branchés. Quant aux discothèques, elles sont disséminées aux quatre coins de Florence. Ces dernières et les disco-bars exigent une carte de membre (*tessera*), gratuite ou payante, valable un an, disponible à l'entrée. Pour trouver de l'ambiance, n'arrivez pas avant minuit !

S'INFORMER

Concerts, spectacles, cinémas, festivals, expos... pour savoir tout ce qui se passe à Florence, procurez-vous en kiosque (2 €) le mensuel ***Firenze Spettacolo*** (www.firenzespettacolo.it), qui a un supplément *Florencescope* en anglais, ou le fascicule gratuit ***Informacittà*** (www.informacitta.net) à l'office de tourisme. Consultez également les sites **www.2night.it, www.firenzetoday.it, www.teatrionline.com, www.florenceconcierge.info** et le site d'information en anglais **www.theflorentine.net,** sans oublier le site de l'office de tourisme **www.firenzeturismo.it**

RÉSERVER UN SPECTACLE

Pour réserver une place de concert ou de théâtre sur place ou depuis l'étranger, contactez le **Box Office,** situé dans le complexe Le Murate (via delle Vecchie Carceri, 1, plan B/C2, ☎ 055 21 08 04, www.boxoffice toscana.it, lun.-ven. 10h-19h, sam. 10h-14h). Sur Internet, consultez le site **www.boxol.it,** qui vend aussi des tickets pour les principaux spectacles de Toscane. En dernière minute, adressez-vous au guichet des salles de spectacle ou au concierge de votre hôtel.

SE REPÉRER

Chaque adresse de lieu de sortie est associée à une pastille violette numérotée. Vous retrouverez toutes les adresses positionnées sur le plan détachable.

Bars, clubs & sorties
PAR QUARTIER

Du Duomo au Museo del Bargello (Quartier 1 - p. 22)

SUPERFOX
Bar/*aperitivo* ① Plan I7

Un café-bar sympa, qui propose des sandwichs à composer soi-même dans une déco moderne qui change des traditionnelles trattorias du quartier. Situé dans une jolie rue piétonne, l'endroit est idéal pour un *aperitivo* sur fond d'électro.

Via della Vigna Vecchia, 27 R

- ☎ 055 23 99 503
- Facebook : Superfox
- Dim.-mer. 10h-1h, jeu.-sam. 10h-2h
- Panini : 4 €.

MAYDAY CLUB
Bar à cocktails ② Plan I7

Dans un décor des plus vintage, ce bar convivial distille des cocktails originaux, qu'on dirait créés par un alchimiste, et de la bonne musique variée pas trop commerciale (swing, hip-hop...). Photos des années 1930, souvenirs liés à l'histoire de la radio et du télégraphe... Un lieu atypique où l'on peut aussi suivre des cours (2 h) pour s'initier aux secrets de la mixologie.

Via Dante Alighieri 16 R

- ☎ 055 23 81 290

Mayday Club

• www.maydayclub.it
• Mar.-sam. 19h-2h • Cocktails : 8 €
• Espèces uniquement.

FULL UP CLUB
Club ③ Plan D3

Le Full Up est l'une des plus vieilles discothèques de Florence, aujourd'hui courue surtout par les étudiants. À l'étage, piano-bar façon pub anglais ; en bas, piste de danse et canapés. Musique différente tous les soirs : latino, hip-hop, R'n'B et tubes commerciaux, sans oublier la *student party* du jeudi !

Via della Vigna Vecchia, 23 R
• ☎ 055 29 30 06 • www.fullupclub.com
• Jeu.-sam. 23h-4h ; f. mai-sept.
• Entrée : 10 € avec conso.

ÉGLISE SANTA MARIA DE' RICCI
Concerts classiques
④ Plan I6

Les grands classiques de Vivaldi, Bach, Händel, Schubert ou encore Paganini sont joués sur les orgues de cette église ; également des récitals de chant choral. Les concerts sont organisés en alternance avec l'église de Dante (via Santa Margherita).

Via del Corso, 10
• Concert gratuit à 21h.

ÉGLISE ORSANMICHELE
Opéras/concerts classiques
⑤ Plan H7

De mars à octobre, l'église Orsanmichele, joyau gothique du XIVᵉ s., accueille, en alternance avec l'auditorium di Santo Stefano al Ponte, les concerts de musique de chambre de l'Orchestra da Camera Fiorentina, mais également des opéras et des concerts classiques.

Via dell'Arte della Lana
• ☎ 055 78 33 74 ou ☎ 334 60 06 361
• www.orchestrafiorentina.it
• Billetterie : Box Office (voir p. 128) et à l'église les jours de concert 10h-21h
• Billets : 15-20 €.

De piazza della Signoria au Ponte Vecchio (Quartier 2 - p. 34)

ANGIE'S PUB
Pub ⑥ Plan I8

On l'appelle aussi « Il Clandestino » ! C'est un pub lilliputien, situé non loin des Offices, que les habitués du quartier et les étudiants anglophones apprécient pour son ambiance, ses prix honnêtes et ses bières artisanales (notamment la Biren, en provenance de Ferrare). Le staff, très aimable, assure à toute heure une petite restauration : club sandwichs, burgers et surtout des *piadine*, des galettes de froment généreusement garnies.

Via dei Neri, 35 R
• ☎ 055 21 85 33 • Facebook : Angie's Pub-Clandestino Firenze
• T.l.j. 11h-minuit • ***Happy hour*** : 16h-20h • Bières : 3-5 €.

Ditta Artigianale

DITTA ARTIGIANALE
Bar/*aperitivo* ⑦ Plan I8

En journée, on y boit un excellent café torréfié sur place ainsi qu'une multitude de jus de fruits et de thés. Cette adresse attire une clientèle jeune et branchée, qui apprécie aussi ses brunchs composés de pancakes ou bien d'un croque-madame à l'avocat. Ditta Artigianale séduit aussi, à la nuit tombée, avec un *aperitivo* sympathique souvent accompagné de musique live.

Via dei Neri, 32 R • ☎ 055 27 41 541 • www.dittaartigianale.it • Lun.-ven. 8h-minuit, sam.-dim. 9h-minuit • *Aperitivo* : 6 €.

SANTO STEFANO AL PONTE
Concerts classiques ⑧ Plan I18

Un concert classique vous tente ? Jetez un œil sur le programme de cette église du XIIe s. qui jouxte le Ponte Vecchio. Convertie en 2015 en auditorium de 320 places, elle accueille régulièrement l'Orchestra da Camera Fiorentina, qui y interprète des œuvres de Verdi, Puccini, Cherubini, Vivaldi… mais aussi des musiques de film signées Morricone ou Rota, servies par une excellente acoustique.

Piazza di Santo Stefano, 5 • ☎ 055 21 74 18 • www.santostefanoalponte.it • Billetterie : t.l.j. 10h-19h30 • Billet : 20 €.

Les meilleurs BARS À COCKTAILS

Les bars les plus en vue sont ceux qui proposent, entre 18h30 et 21h30, un *apericena,* un buffet à prix fixe si abondant que l'on n'a plus besoin de dîner. La qualité du buffet varie beaucoup d'un spot à l'autre, mais les cocktails sont souvent très inspirés !

COLLE BERETO

Un *american bar* pour un tête-à-tête glamour sur la piazza Strozzi.
Voir p. 133.

OIBÒ

Où l'on voit que Santa Croce a plus d'un tour dans son sac. Avec ou sans alcool. Voir p. 137.

FUK

L'un des barmans les plus créatifs de la ville y exerce ses talents.
Voir p. 138.

VIKTORIA LOUNGE BAR

Une belle palette de drinks à deux pas du Théâtre Verdi.
Voir p. 139.

MOYO

Pour sa bande-son et ses DJ.
Voir p. 139.

ZOE BAR

Le service est parfois décousu, mais la terrasse a du charme. Près de l'Arno.
Voir p. 146.

Autour de la via de' Tornabuoni (Quartier 3 - p. 42)

LA TERRAZZA
Toit-terrasse ⑨ Plan H8

Boire un verre sur la terrasse de cet hôtel n'est pas donné, mais la vue y est si belle... Sous vos yeux, le Ponte Vecchio, le Duomo, l'Arno, les collines toscanes, tous baignés de lumière ; un panorama qui s'apprécie particulièrement au crépuscule. Situé en haut d'une tour médiévale rénovée de manière très contemporaine, ce bar, avec son mobilier années 1950, est un bijou de sophistication.

Dernier étage de l'Hotel Continentale, viccolo dell'Oro, 6 R • ☎ 055 27 26 58 06 • www.lungarnocollection.com • T.l.j. 15h30-22h30 • Cocktails : autour de 18 €.

RIVALTA CAFE
Bar ⑩ Plan G7

Situé au bord de l'Arno, avec sa terrasse donnant sur le Ponte Santa Trinita, ce bar est un excellent spot pour profiter du soleil couchant aux beaux jours. Les verres tintent et l'ambiance s'échauffe à mesure que la nuit tombe et que le DJ monte le son.

Lungarno Corsini, 14 R
• ☎ 055 28 98 10
• www.rivaltacafe.it
• T.l.j. 11h-3h
• Verre de vin : autour de 3 €.

COLLE BERETO
Bar à cocktails ⑪ Plan G7

À l'instar du quartier, ce bar à cocktails joue la carte de la sophistication, avec ses tables lustrées, sa terrasse luxueuse face au Palazzo Strozzi et son menu composé de mets gourmets. C'est l'un des lieux les plus à la mode de Florence, où l'on croise une clientèle très habillée, qui aime voir et être vue.

Piazza degli Strozzi, 5 R
• ☎ 055 28 31 56
• www.cafecollebereto.com
• Lun.-sam. 8h-1h, dim. 9h-1h
• *Aperitivo* : 10 €.

SLOWLY CAFÈ
Bar à cocktails ⑫ Plan H7

À deux pas du Ponte Vecchio, dans le cadre d'un vieux palais, ce bar lounge à cocktails déploie sa déco design sur trois étages dans une atmosphère de lumières tamisées et d'éclairage à la bougie. Le soir, DJ aux platines et spectacles de cabaret ou musique live dans le club au sous-sol.

Via Porta Rossa, 63 R • ☎ 055 03 51 335 • www.slowlycafe.com • Lun.-sam. 12h30-14h30 et 19h-2h30, dim. 19h-2h30 • *Aperitivo* : 19h-23h, 10 € Cocktails : 10 €.

YAB
Bar/club ⑬ Plan H7

Yab, pour « you are beautiful », est très à la mode. Jeux de lumière, effets scéniques, bon son, quatre bars, un restaurant et une piste de danse. Parmi les soirées à thème, les plus réputées sont le lundi (100 % hip-hop et R'n'B) et le jeudi, spécial *beautiful people*.

Via de' Sassetti, 5 R • ☎ 055 21 51 60 ou ☎ 055 29 06 08 • www.yab.it
Club : sept.-mai, lun. et mer.-sam. 23h-4h ; juin, lun. et jeu.-sam. 23h-4h ; juil., lun. 23h-4h • **Entrée** : 10-16 €.
Restaurant : jeu.-sam. sur résa (f. l'été).

Autour de Santa Maria Novella (Quartier 4 - p. 46)

SEI DIVINO !
Bar à vins ⑭ Plan C3

Un bar à vins sympa dans ce quartier un peu guindé ! Une clientèle mixte, des tables sur le trottoir, une bonne programmation musicale, une belle cave, de divins cocktails et un *aperitivo* réussi.

Borgo Ognissanti, 42 R • ☎ 055 21 57 94 • www.seidivinofirenze.com • Mer.-lun. 18h-1h • ***Aperitivo*** : 19h-22h30, 8 € • Cocktails : 8 € • Concert gratuit ven.

SESTO ON ARNO
Toit-terrasse ⑮ Plan B3

Si vous êtes prêt à débourser 6 € pour un café, ce palace florentin installé dans un ancien palais ne manquera pas de vous charmer avec son majestueux hall Art déco tout en marbre et statues antiques. Le must de l'hôtel reste son bar, Sesto, dont la terrasse offre un fabuleux panorama sur les clochers de la ville, les ponts de l'Arno et les collines verdoyantes de Fiesole.

Il Bar de l'O

Piazza d'Ognissanti, 3 R • ☎ 055 27 15 2 783 • www.sestoonarno.com • Bar : t.l.j. 12h-2h ; *aperitivo* : t.l.j. 19h-21h • Cocktails : 14-16 €.

LA BOÎTE
Bar à cocktails
⑯ Plan C3

Comme son nom l'indique, l'endroit n'est pas plus grand qu'un carton... Peu importe, puisqu'en journée on s'installe aux quelques tables le long des fenêtres grandes ouvertes et qu'en soirée, on finit toujours debout sur l'agréable petite placette, un cocktail à la main. Le menu est plutôt de qualité et le café est excellent.

Piazza San Paolino, 3 R • ☎ 055 21 39 28 • Lun.-ven. 8h-minuit, sam.-dim. 8h-2h • Verre de vin : autour de 4 €.

IL BAR DE L'O
Bar/concerts ⑰ Plan G6

Vous cherchez quelque chose de feutré et relaxant ? Visez le bar de l'hôtel L'Orologio et essayez d'y décrocher l'une des tables qui bordent son petit bassin : les éclairages sont assez magiques et on y coule des heures paisibles en compagnie d'un verre de prosecco et du glouglou de l'eau. Le vendredi (18h-21h), ça swingue davantage : le barman organise de sympathiques apéros-buffet avec musique live.

Via delle Belle Donne, 34 R • ☎ 055 27 73 80 • www.ilbardelo.com • T.l.j. 12h-minuit • Verre de prosecco : 6 € ; apéro-buffet : 20 €, un cocktail inclus.

SPACE CLUB
Club ⑱ Plan C2-3

C'est la discothèque favorite des jeunes étudiants étrangers. Deux niveaux, deux ambiances : en bas, disco-pub karaoké genre kitsch seventies ; en haut, écran géant, show laser, vaste piste de danse et super son. Les jeudis et samedis sont hip-hop à 100 %.

Via Palazzuolo, 37 R • ☎ 055 29 30 82 Facebook : SpaceClub Firenze • T.l.j. 22h-4h • Entrée : 5-10 €.

Space Club

INSTITUT FRANÇAIS DE FLORENCE
Spectacles et films
⑲ Plan B3

D'octobre à mai, l'Institut français accueille dans une salle du palais Lenzi des rencontres littéraires et des spectacles d'art vivant du Teatro della Pergola, du conservatoire de Florence, et des festivals. Le jeudi (20h) et le lundi (18h), projections de films.

Piazza Ognissanti, 2 R • ☎ 055 27 18 801 • www.institutfrancais.it • Lun.-ven. 10h-18h30, sam. 10h-13h • Spectacles payants.

San Lorenzo, fief des Médicis (Quartier 5 - p. 52)

BREW DOG
Bar/concerts ⑳ Plan C2

Voici un bar rafraîchissant qui promet aux amateurs de bières de nouveaux horizons avec une bonne sélection de pintes écossaises (punk IPA) ou italiennes (Vetra, Croce di Malto...) et une programmation si dense qu'on ne sait pas toujours où donner de la tête : apéro-buffet le jeudi (19h30-21h), musique live le week-end, jam-sessions deux mercredis par mois... Ici, la tendance est au garage, rock et hardcore.

Via Faenza, 21 R • ☎ 055 21 70 35 • Facebook : BrewDogFirenze • Ven.-sam. 12h-2h, dim.-jeu. 12h-minuit • Apéro-buffet : 8 €.

San Marco et la Galleria dell'Accademia (Quartier 6 - p. 58)

KITSCH DEVX
Bar/*aperitivo* ㉑ Plan D2

Ce bar au décor éclectique, très prisé des 20-25 ans, est connu depuis plus de 10 ans pour son copieux apéro-buffet à volonté (salades, *bruschette*, *crostini*) sur fond de musique chill out. Attention : comme il ne désemplit pas, il est indispensable (surtout du jeudi au dimanche), de réserver en indiquant le nombre précis de convives et la tranche horaire souhaitée.

Via San Gallo, 22 R • ☎ 328 90 39 289 • www.kitschfirenze.com • T.l.j. 18h-3h • ***Aperitivo*** : 18h30-21h, 12 € avec un cocktail (conso suivantes : 5 €).

JAZZ CLUB
Club de jazz ㉒ Plan D3/E3

À proximité du Teatro della Pergola, Jazz Club est l'un des piliers de la vie nocturne florentine. Fréquenté par les amateurs de bon jazz et de musique live, il est réputé pour ses concerts tous les soirs et sa jam-session du mercredi.

Via Nuova de' Caccini, 3 • ☎ 055 52 71 815 • Facebook : Jazz Club Firenze • Dim. et mar.-jeu. 23h-3h, ven.-sam. 23h-4h • Entrée : 6 €.

TEATRO DELLA PERGOLA
Théâtre ㉓ Plan D3

Luigi Pirandello, Molière, Eugène Ionesco, William Shakespeare, tragédie, mime ou encore commedia dell'arte... de bonnes représentations de théâtre classique en italien et des concerts de musique symphonique dans un somptueux décor du XVIIIe s.

Via della Pergola, 12-32 R • ☎ 055 22 641 • www.teatrodellapergola.com • Billetterie : via della Pergola, 24 ☎ 055 07 63 333, lun.-sam. 9h30-18h30 ou Box Office (voir p. 128) • Spectacles à 20h45 (15h45 le dim.) • Billets : 13-34 €.

De Santa Croce à Sant'Ambrogio (Quartier 7 - p. 64)

CAFFETTERIA DELLE OBLATE
Toit-terrasse ㉔ Plan D3

Boire un verre au-dessus d'une bibliothèque, voilà une activité toute florentine ! La Biblioteca delle Oblate, située dans un ancien couvent du XIIIe s., dispose d'une belle terrasse au deuxième étage avec vue sur les toits de la ville et le Duomo. Pris d'assaut

par la jeunesse étudiante, l'endroit jouit d'une ambiance détendue et sympathique. Des concerts et divers événements y sont organisés.
Via dell'Oriuolo, 24 • ☎ 055 26 39 685 • Facebook : Caffetteria Delle Oblate • Lun. 14h-19h, mar.-sam. 9h-minuit.

SANT'AMBROGIO
Bar à vins ㉕ Plan E3

Très prisée des Florentins pour sa sélection variée et pointue de vins au verre italiens et français, cette *enoteca* jeune et moderne attire une foule de gourmands à l'heure de l'apéritif avec son buffet gratuit (on ne paie que sa consommation). C'est aussi l'un des rares bars à vins à ouvrir tard le soir. Terrasse très animée sur la petite place.
Piazza Sant'Ambrogio, 7 R • ☎ 055 24 77 277 • Facebook : Enoteca Sant'Ambrogio Caffè • T.l.j. 17h-2h • Verre de vin : 4-5 €.

SOUL KITCHEN
Bar/*aperitivo* ㉖ Plan D3

Un bar prisé des étrangers, qui apprécient son décor très contemporain, avec murs blancs et mobilier épuré, ses « tomates mozza » revisitées et son buffet gargantuesque qui ouvre chaque jour à l'heure de l'*aperitivo*. Passé 22h, les DJ prennent le relais et enflamment les lieux. Une bonne adresse pour boire un verre et danser, malgré son côté touristique.
Via de' Benci, 34 R • ☎ 055 26 39 772

Sant'Ambrogio

• www.soulkitchenfirenze.it • T.l.j. 11h-2h • *Aperitivo* : 19h-22h, 10 €.

PICCOLO CAFÈ
Bar ㉗ Plan D3

Un des classiques de la scène gay florentine. On y boit un verre dans une ambiance chaleureuse, qui accueille avec bienveillance la clientèle hétéro. Lorsque la nuit s'installe vraiment, il n'est pas rare que l'on se mette à danser.
Borgo Santa Croce, 23 R • ☎ 055 20 01 057 • Facebook : Piccolo Cafè • T.l.j. 18h30-2h30 • *Aperitivo* : 6 €.

OIBÒ
Bar lounge/*aperitivo*
㉘ Plan D3

À l'angle de la piazza di Santa Croce et de la via de' Benci, un séduisant bar lounge, dont la déco oscille entre bling-bling et sixties, qui s'anime surtout à l'heure de l'apéro avec un buffet varié. Ce

n'est pas de la grande cuisine, mais en général le client y trouve son compte. Et l'ambiance autour d'un verre de spritz est chaleureuse. Un conseil : pour profiter de l'*apericena*, arrivez dès 18h30 !
Borgo de' Greci, 1 R • ☎ 055 26 38 611 • www.oibofirenze.com • T.l.j. 8h-2h • ***Aperitivo*** : 18h30-22h, 10 €.

REVERSE
Bar à cocktails ㉙ Plan D3

Un grand bistrot moderne servant salades et sandwichs en journée et qui s'anime le soir autour d'un bar à cocktails. La salle possède un certain charme avec ses voûtes où sont projetées des vues de Florence et de la campagne toscane.
Borgo degli Albizi, 78 R • ☎ 055 24 27 74 • www.reversefirenze.it • T.l.j. 7h30-1h • Salades, sandwichs : 5-9 €.

MELA BEVO
Bar à cocktails ㉚ Plan E3

Un bar minuscule, qui tire son épingle du jeu grâce à sa multitude de cocktails et de shots plus inventifs les uns que les autres. On choisit parmi les 50 breuvages présentés dans des jarres derrière le bar ou bien on se laisse conseiller par le barman. Idéal pour un début de soirée. Karaoké le jeudi !
Via Ghibellina, 40 R • ☎ 392 62 89 794 • www.melabevofirenze.it • Jeu.-sam. 22h-2h • Cocktails : 5-6,50 €.

FUK
Bar à cocktails ㉛ Plan D3

Ces trois lettres sont l'acronyme de « Florence Unpopular Kafé » et, contrairement à ce qu'elles laissent entendre, ce petit bar à cocktails qui ne paie pas de mine est très populaire auprès de ceux qui arpentent la nuit florentine. Il faut dire qu'il y a là un barman enthousiaste et habile, qui crée à la demande des cocktails personnalisés à la crème brûlée, aux fruits de la passion... Bondé les samedis et dimanches soir.
Via Giuseppe Verdi, 19 R • ☎ 347 97 87 975 • www.fukfirenze.it • T.l.j. 18h30-2h • Cocktails : 8-12 €.

VIKTORIA LOUNGE BAR
Bar à cocktails ㉜ Plan D3

Le Viktoria Lounge Bar est très agréable pour commencer la soirée. On y trouve souvent de la place (à l'exception du samedi, bondé) et le personnel est serviable. C'est l'occasion de côtoyer quelques *beautiful people* florentins disséminés parmi une clientèle plutôt détendue qui entrechoque gaiement ses verres à cocktails.

Via Giuseppe Verdi, 28 R
- ☎ 055 38 60 323
- www.viktorialoungebar.com
- T.l.j. 7h30-3h
- *Aperitivo* : à partir de 19h, 7 €.

EBY'S
Bar à cocktails ㉝ Plan D3

Un petit coin latino pour siroter de bons cocktails de fruits frais (le barman a de l'imagination !), smoothies ou classiques : negroni, americano, caïpirinha, caïpiroska et mojito de Hemingway, spécialité de la maison... Et pour caler les petites faims, un choix de crêpes, salades et *burritos*.

Via dell'Oriuolo, 5 R
- ☎ 055 24 77 653
- T.l.j. 11h-3h
- *Aperitivo* : 17h-21h
- Cocktails : 7-8 €.

MOYO
Bar lounge ㉞ Plan D3

Destination pré-club de la jeunesse florentine, ce bar lounge à l'ambiance exotico métropolitaine est bondé quand les DJ officient ou lors des concerts. Bonne carte de vins toscans (7 €) et de cocktails servis avec un buffet qui n'a rien d'extraordinaire.

Via de' Benci, 23 R
- ☎ 055 24 79 738 ou ☎ 339 72 51 629
- www.moyo.it
- T.l.j. 8h-3h
- Cocktails : 8 €.

REX CAFÈ
Bar/concerts ㉟ Plan E3

Ambiance Art nouveau à la Gaudí, mariage de métal et de terre cuite, voilà l'un des plus beaux bars de la ville, où l'on trouve quelqu'un à qui parler à l'apéro ou jusqu'à une heure avancée de la nuit. Musique house et parfois concert à partir de 22h.

Via Fiesolana, 23-25 R
- ☎ 055 24 80 331
- T.l.j. 18h-3h ; f. juil.-août
- *Aperitivo* : t.l.j. 19h-21h
- Cocktails : 8 €.

Eby's

TEATRO DEL SALE
Restaurant/concerts
(36) Plan E3

Le chef Fabio Picchi harangue la foule pour annoncer les premiers plats. La cuisine est raffinée et succulente ; les plats passent de la cuisine ouverte sur la salle aux assiettes des convives gourmands. Le repas terminé, on pousse les tables et les chaises : place au spectacle ! Concerts de jazz, de blues, de rock ou de musique du monde, théâtre cabaret ou spectacle de marionnettes... Une soirée inoubliable !

Via dei Macci, 111 R • ☎ 055 20 01 492 • www.teatrodelsale.com • Mar.-sam. à partir de 19h • Buffet : mar.-sam. 12h-14h30, 15 € ; brunch : sam.-dim. 10h30-15h, 20 € ; dîner-spectacle : mar.-sam. 19h30, 30 € • Carte de membre annuelle : 11 € • Résa obligatoire.

CRISCO CLUB
Club (37) Plan D3

Le premier club gay de Florence est réputé pour son ambiance festive et ses soirées à thème sur fond d'électro-house ou de musique seventies. Réservé aux hommes toute la semaine, le club accueille « les gays et leurs amis » les vendredis et samedis.

Via Sant' Egidio, 43 R • ☎ 055 24 40 80 • www.criscoclub.it • Lun.-sam. 21h-5h • Carte de membre annuelle : 5 € • Entrée : 10-15 € avec une conso.

HANGAR
Concerts (38) Plan E3

Durera ou durera pas ? Pour l'instant, Hangar est l'une des adresses les plus alternatives de Florence. Géré par une bande d'amis italo-irano-brésilo-colombienne, ce local associatif organise des soirées pleines de fantaisie : concerts, poésie, méditation, vente de fringues vintage, DJ (avec Coqò et Fresh Nunas)... Bref, un programme tous azimuts à suivre sur leur page Facebook. Le bonus ? Des tous petits prix.

Via dei Pepi, 43 R • ☎ 333 40 06 223 • Facebook : Hangar • T.l.j. 10h-2h (parfois 21h-1h) ; f. août.

TEATRO VERDI
Concerts/théâtre (39) Plan D3

Siège de l'orchestre régional de Toscane, ce théâtre inauguré en 1854 programme des concerts de musique symphonique, des récitals, de la musique de chambre, de l'opéra et des ballets. Il accueille aussi des pièces de théâtre contemporain, des comédies musicales et des concerts de chanteurs populaires italiens et étrangers.

Via Ghibellina, 99 R • ☎ 055 21 23 20 • www.teatroverdifirenze.it • Billetterie : via Ghibellina, 97 R, lun.-sam. 10h-13h et 16h-19h ou Box Office (voir p. 128) • Spectacles à 21h (16h45 le dim.) • Spectacles : 18-55 € ; concerts : 5-16 €.

Le top des SOIRÉES DÉCALÉES

À Florence, une poignée de bars et de cabarets sortent des sentiers battus par leur style, leur décor, leur ambiance ou leur programmation musicale. La première fois, on y arrive un peu par hasard, mais pas les suivantes... Laissez-vous tenter !

MAYDAY CLUB

Un bon bar à cocktails dont le décor n'a vraiment rien d'aseptisé. Voir p. 129.

CAFFETTERIA DELLE OBLATE

Terrasse étudiante avec jolie vue et soirées variées : flamenco, swing, luth ukrainien... Voir p. 136.

TEATRO DEL SALE

Pour ses soirées « dîner-spectacle » à deux pas du marché aux puces. Voir p. 140.

HANGAR

Jeune, éclectique et parfois psychédélique : c'est LE bar alternatif du quartier de Santa Croce. Voir p. 140.

LA CITÈ

À San Frediano, un café-librairie très accueillant qui cultive jazz et prix doux. Voir p. 145.

EASY LIVING

Sur les berges de l'Arno, ce bar éphémère avec plage de sable a un petit air de guinguette. Voir p. 146.

Teatro del Sale

L'Oltrarno, Santo Spirito et San Frediano (Quartier 8 - p. 68)

HEMINGWAY
Salon de thé/cocktails
(40) Plan B3

L'après-midi, c'est un salon de thé branché spécialisé dans le chocolat artisanal à déguster sous forme de gâteaux ou de friandises. Le soir, on écoute de la musique lounge en sirotant des cocktails, de la grappa ou encore un rhum ambré. Une adresse gourmande.

Piazza Piattellina, 9 R • ☎ 055 28 47 81 • Mar.-jeu. 17h30-1h, ven.-sam. 17h-2h, dim. 16h-1h • *Aperitivo* : 19h-22h.

FANTAPPIÈ FIASCHETTERIA
Bar à vins
(41) Plan B4

Les murs du bar, littéralement tapissés de bouteilles de vin, donnent le ton... La famille Fantappiè se consacre aux doux nectars toscans depuis plusieurs générations, et toujours avec passion. C'est l'occasion de goûter aux vins de la région, accompagnés de produits locaux, comme de la charcuterie ou du fromage. Une petite terrasse permet de profiter de la douceur florentine.

Via dei Serragli, 47 R • ☎ 055 28 74 20 • www.fiaschetteriafantappie.com • Lun.-sam. 9h-13h30 et 16h30-22h • Verre de vin : 3-5 €.

LE BARRIQUE
Bar à vins
(42) Plan B3

Dans le quartier très agréable de San Frediano, ce fut l'un des premiers débits de vins traditionnels à être transformé en bar à vins proposant, outre une cave riche de 400 flacons, une belle carte pour les petits et les grands creux : assiette de fromages, plats de poisson et de viande.

L'été en plein air

Pour contrebalancer la sérieuse baisse d'activité en juillet et en août, des manifestations en plein air (cinéma, ballets, récitals, opéras, concerts, etc.) se déroulent tout l'été dans les plus beaux endroits de la ville - palais, villas, musées, places et jardins (voir Estate Fiorentina p. 16) - et au théâtre romain de Fiesole (voir Estate Fiesolana p. 16), sur les hauteurs de Florence. Les beaux jours annoncent aussi l'ouverture des bars en plein air comme la guinguette bohème Easy Living au bord de l'Arno (voir p. 146) ou le Flo' Lounge Bar, ses *beautiful people* et son panorama exquis sur la ville (voir p. 146). Prenez gare toutefois aux moustiques !

Soirée dégustation le mercredi, soirée aux chandelles le jeudi.
Via del Leone, 40 R • ☎ 055 22 41 92 • www.enotecalebarrique.com • Mar.-dim. 19h30-23h30 • Plats : 9-20 €.

A. S. AURORA
Bar ㊸ Plan B4

Adossé au mur d'enceinte d'une tour de garde de Florence, ce bar associatif est un endroit très agréable pour boire un verre de vin ou un cocktail dans une ambiance conviviale.
Viale Vasco Pratolini, 2 R • ☎ 055 22 40 59 • www.circoloaurorafirenze.it • Mar.-dim. 18h-1h30 • Carte annuelle de membre gratuite • Verre de vin : 4 € ; Cocktails : 6 €.

BIRRERIA ARTIGIANALE IL BOVARO
Brasserie artisanale ㊹ Plan B3

Les bières servies ici sont fabriquées sur place, dans une brasserie artisanale. On les déguste sous les voûtes en briques d'une salle très florentine. Comme dans un bar à vins, on propose en accompagnement une sélection de paninis et plateaux de fromages. Quelques tables en extérieur permettent d'apprécier la vue sur la Porta San Frediano toute proche.
Via Pisana, 3 R • ☎ 055 22 07 057 • Facebook : Birreria Artigianale Il Bovaro • Lun.-jeu. 18h30-1h, ven. 17h-2h, dim. 16h-1h.

POP CAFÈ
Bar/aperitivo ㊺ Plan C4

Art, musique et *aperitivo* ! Voilà ce qui attire les branchés de tout poil au Pop Cafè, un petit bar en longueur tout de blanc vêtu et baigné de lumières fluo. Outre les expos d'art et les DJ sessions, on vient aussi pour grignoter des petits plats végétariens à midi (lun.-sam. 12h30-15h) ou pour profiter de l'apéro-buffet. L'été, la terrasse est idéale pour un bain de soleil.
Piazza Santo Spirito, 18 R • ☎ 055 21 74 75 • Facebook : Pop Cafè Santo Spirito • T.l.j. 10h-2h • *Aperitivo* : 19h-22h • Verre : 4-7 €.

A. S. Aurora

CABIRIA LOUNGE BAR
Bar à cocktails ㊻ Plan C4

Ce bar tient son nom du film de Fellini *Le Notti di Cabiria* (1957). Si les soirées n'y sont pas aussi délirantes, elles cultivent une ambiance agréable, entre carte de cocktails fournies et clientèle élégante. Les soirs d'été, l'animation de la Piazza Santo Spirito gagne les tables de la terrasse et l'on se laisse doucement happer par la dolce vita florentine.

Piazza Santo Spirito, 4 R
• ☎ 055 21 57 32
• www.cafecabiria.com
• T.l.j. 12h-2h • *Aperitivo* : 19h-21h.

Volume

VOLUME
Café/concerts ㊼ Plan C4

Volume est une institution dans le quartier. Néri, le patron, a conservé l'ambiance de l'ancien atelier de sculptures sur bois transformé en « café-musée ». Les habitués s'accoudent au comptoir, dégustent, en terrasse, une galette concoctée par le chef breton (4-7 €) ou s'installent dans les gros fauteuils moelleux pour écouter un concert d'électro ou de blues en soirée.

Piazza Santo Spirito, 5 R
• ☎ 055 23 81 460
• www.volume.fi.it
• Lun.-sam. 8h30-1h, dim. 8h30-minuit
• Cocktails : 6 €.

DOLCE VITA
Bar/*aperitivo*/concerts
㊽ Plan B3

Le bar le plus glamour de Florence est un symbole de la *movida fiorentin*, un cocktail efficace de disco-bar, mini-concerts, apéritifs et potins. Il est particulièrement animé en fin de semaine à l'heure de l'apéro-buffet, quand la clientèle se presse sur la terrasse. Musique mixée par un DJ certains soirs.

Piazza del Carmine, 6 R
• ☎ 055 28 45 95
• http://new.dolcevitafirenze.it
• Mar.-sam. 18h-2h, dim.-lun. 18h-1h ; f. lun. en hiver
• Cocktails : 8 €.

La Citè

LA CITÈ
Café/librairie/concerts
(49) Plan B3/C3

Ce café-librairie est une mine d'activités culturelles en tout genre. Des conférences et des débats politiques, des rencontres littéraires et musicales, du cabaret-théâtre et des cours de swing (mercredi et vendredi soir). L'un des endroits les plus vivants de Florence ! Et la bonne nouvelle, c'est que tout est gratuit.

Borgo San Frediano, 20 R
• ☎ 339 31 36 476 ou ☎ 055 21 03 87
• www.lacitelibreria.info
• Lun.-sam. 9h-2h, dim. 15h-2h.

TEATRO GOLDONI
Danse/concerts (50) Plan B4

Ce joyau de l'époque lorraine, construit en 1817, est le siège de la Florence Dance Company. Il accueille des spectacles de danse et des concerts.

Via Santa Maria, 13-15 R
• ☎ 055 27 79 309
• www.operadifirenze.it
• Billetterie : Box Office (voir p. 128) ou à l'Opera di Firenze (voir p. 148).

SAINT MARK'S CHURCH
Opéras/concerts classiques
(51) Plan G8

Des chanteurs et un pianiste jouent des opéras célèbres (*Carmen, La Traviata, Madame Butterfly, La Bohème, Le Barbier de Séville*...). Le reste du temps, un ténor et une soprano interprètent les plus beaux duos des opéras.

Via Maggio, 18 • Infos et billetterie : ☎ 340 81 19 192 • www.concertoclassico.info • Opéra à 20h30, concert à 21h15 • Billets : opéra 35 €, concert 25 €.

San Miniato et San Niccolò (Quartier 9 - p. 74)

BEVO VINO
Bar à vins ㊿ Plan D4

Cette *enoteca* propose un choix de vins provenant de toutes les régions italiennes à accompagner de plateaux de charcuterie et de fromages produits dans des fermes de la région. Sa politique de petits prix illustre sa volonté de faire découvrir le vin à un jeune public au budget limité.

Via di San Niccolò, 59 R • ☎ 055 20 01 709 • T.l.j. 11h-minuit • Plats : 7-12 € • Verre de vin : 5 €.

NEGRONI
Bar/*aperitivo* ㊸ Plan D4

Dans ce bar historique, cadre du film *Amici Miei* avec Philippe Noiret et Ugo Tognazzi, le cocktail star est l'americano corsé créé par le comte Negroni. Une des meilleures adresses à l'heure de l'apéro pour rencontrer la jet-set florentine et goûter aux délicieux antipasti. En été, on apprécie la terrasse pour un déjeuner, et les vendredis et samedis soir, la musique du DJ.

Via dei Renai, 17 R • ☎ 055 24 78 853 Facebook : Negroni Cocktail Restaurant • Lun.-ven. 9h-3h, sam.-dim. 10h-3h • *Aperitivo* : 19h-23h, 10 € • Cocktails : 10 €.

EASY LIVING
Bar-guinguette ㊹ Plan E4

Chaque été, ce bar associatif s'installe sur une terrasse au bord de l'Arno. Dans une ambiance de guinguette branchée, voilà un lieu sympa pour boire un verre en plein air et profiter, en compagnie de la bohème florentine, des événements culturels gratuits proposés tout l'été.

Lungarno Serristori, terrasse de la piazza Poggi • ☎ 335 66 30 341 • www.easylivingfirenze.it • Juin-sept. : t.l.j. 10h-1h30.

ZOE BAR
Bar à cocktails ㊺ Plan D4

Rive gauche, un *american bar* très branché, élitiste, bondé pour le *before* ou l'*after diner*. Outre d'excellents cocktails, on y sert des assiettes de fromages, *foccacce, crostini* et autres.

Via dei Renai, 13 R • ☎ 055 24 31 11 • www.zoebar.it • Dim.-ven. 8h30-3h, sam. 9h-3h • Cocktails : env. 8 €.

FLO' LOUNGE BAR
Bar lounge ㊻ Plan E4-5

Sur cette terrasse, on vient siroter des cocktails de fruits frais (env. 10 €) en admirant la vue sur Florence qui s'illumine. Plus tard, place à la *dance music* concoctée par des DJ. Concerts certains dimanches. Évitez le look baskets-tee-shirt !

Piazzale Michelangelo, 84 • ☎ 055 65 07 91 • www.flofirenze.com • De mi-mai à sept. : mar.-dim. 19h30-4h • Entrée gratuite.

Au palmarès DU CLUBBING

Faute de place, les clubs du centre-ville sont un peu exigus, mais si vous n'êtes pas trop exigeant, l'ambiance et le son devraient vous plaire. Attention : en général, on paie ses consommations à la sortie. Ne perdez pas votre *drink card* !

FULL UP CLUB

Hip-hop, électro, disco... la piste est petite, mais les soirées, souvent animées. Voir p. 130.

YAB

Il a vu passer Madonna, Bowie... et il est toujours aussi fringant ! Voir p. 133.

SPACE CLUB

Près de la gare, un grand club à thèmes qui a du succès auprès des jeunes expats. Voir p. 135.

DOLCE VITA

Après le dîner, le resto se transforme en discothèque branchée. Voir p. 144.

FLO' LOUNGE BAR

On y danse chic, tout l'été, avec une vue panoramique sur Florence. Voir p. 146.

TENAX

Le temple de la house et de la techno avec, chaque semaine, un DJ différent. Voir p. 148.

Fiesole (Visite 10 – p. 78)

PENSIONE BENCISTÀ

Toit-terrasse/*aperitivo*

57 Hors plan par F1

Située à quelques minutes du centre de Fiesole, cette magnifique bâtisse est un charmant hôtel, connu par les Florentins pour sa très belle terrasse envahie de glycines, qui offre une vue panoramique sur les collines toscanes. L'*aperitivo*, à base de produits frais et régionaux, est sûrement le meilleur moment pour profiter de la beauté des lieux, à l'heure où le soleil se couche.

Via Benedetto da Maiano, 4
- **☎ 055 59 163**
- **www.bencista.com**
- **T.l.j. 16 mars-14 nov.**
- ***Aperitivo* : t.l.j. 16h-20h, 15 € (20 € avec boisson)**
- **Résa obligatoire.**

Autour de Florence, les villas des Médicis (Visite 11 - p. 82)

VILLA LA PETRAIA
Concerts classiques
(58) Hors plan par D1

Et que diriez-vous d'un petit concert dans une villa Médicis ? La superbe cour intérieure de La Petraia, à Castello, accueille assez souvent des solistes de l'Orchestra della Toscana, en mai-juin, par exemple dans le cadre des soirées *Ville e giardini incantati*. Au programme : des œuvres de Haydn, Mozart... Attention : le nombre de places étant limité, il est prudent de réserver à l'avance !

Castello, via della Petraia, 40 (p. 83) • ☎ 055 23 40 710 • www.orchestradellatoscana.it • Billetterie en ligne • Concert à 21h30 • Billet : 5 ou 10 €.

En dehors des quartiers de visite

OPERA DI FIRENZE
Opéras/concerts classiques
(59) Plan A1

L'Opera di Firenze, inauguré en 2014, est un bâtiment très moderne, situé à la lisière du Parco delle Cascine. Il réunit des salles de spectacle où ont lieu des concerts de musique classique, des ballets et des représentations lyriques. Ici se déroulent les principales manifestations du Maggio Musicale Fiorentino, l'un des plus prestigieux festivals d'Europe (voir p. 16).

Piazza Vittorio Gui, 1 • ☎ 055 27 79 309 • www.operadifirenze.it • Billetterie en ligne, sur place (lun.-sam. 10h-18h, jusqu'à 2 h avant le spectacle) et au Box Office (voir p. 128) • Billet : 10-50 €.

TENAX
Club Plan HP par A1

Ce club house italien est connu dans le monde entier pour ses folles soirées : DJ-set, live-shows, performances... Le vendredi, soirée libertine costumée sur le modèle des maisons closes parisiennes de la fin du XVIIIe s. : intrigues, passions, amours folles et banquets avec caviar, champagne et foie gras (les éléments de costume sont fournis à l'entrée). De grands noms de la dance mondiale s'y produisent le samedi.

Via Pratese, 46 R, bus 29 ou 30, arrêt Primo Settembre • ☎ 055 30 81 60 • www.tenax.org • Jeu.-sam. 22h-3h Entrée : 20-30 €.

PINOCCHIO LIVE JAZZ
Club de jazz Plan HP par F4

Depuis 1994, ce temple du jazz crée l'événement musical de l'automne lors de son festival annuel (novembre-mars). Sur la scène se produisent les plus grands jazzmen italiens et internationaux.

Associazione Vie Nuove, viale Giannotti, 13 Gavinan, bus 23, 31 ou 32 • ☎ 055 68 33 88

Rendez-vous incontournables

De septembre à avril, les ballets, les concerts symphoniques et lyriques, et les pièces de théâtre ont pour cadre, principalement, le Teatro Verdi et le Teatro Comunale (Corso Italia, 16 R, AB2, ☎ 055 27 79 309, www.operadifirenze.it), de belles églises florentines et des *cenacoli*.

Outre les concerts de Noël et du Nouvel An, le Rossini Filarmonica di Firenze donne plusieurs concerts gratuits sur la piazza della Signoria (www.filarmonicarossini.it).

En été, impossible de s'ennuyer avec la programmation de l'Estate Fiorentina (voir p. 16) et de l'Estate Fiesolana (voir p. 16).

• www.pinocchiojazz.it • Concert : ven.-sam. à 21h45 • Entrée : 10 ou 13 €.

OBIHALL
Concerts Plan HP par F3

Immense chapiteau planté à Bellariva, en bordure de l'Arno, l'ex-Teatro Tenda a été rénové en 2002 pour accueillir 2 000 spectateurs lors de concerts de musique pop, rock ou de comédies musicales.

Via Fabrizio De André, angle lungarno Aldo Moro, bus 14 • ☎ 055 65 04 112 • www.obihall.it • Billetterie : lun.-ven. 10h30-17h30 (f. juil.-sept.) ou au Box Office (voir p. 128) • Spectacles à 21h • Billets : selon programmation.

AUDITORIUM FLOG W LIVE
Concerts Plan HP par C1

Podium de la world culture, l'Auditorium accueille tous les ans le Festival international de la musique folk (Musica dei Popoli) et les rencontres cinématographiques en juin (Film Etnomusicale). Concerts très variés du néo-punk au rock, en passant par le reggae et le hip-hop.

Via Michele Mercati, 24 B, bus 28, arrêt Celso • ☎ 055 49 04 37 • www.auditoriumflog.com • Ven.-sam. 21h30-3h30 • Billets : 5-15 €.

TEATRO PUCCINI
Théâtre Plan HP par A2

Si vous comprenez la langue de Dante, vous adorerez le Teatro Puccini, qui se définit lui-même comme théâtre de la satire et de la contamination des genres. Au programme, des pièces d'auteur aux spectacles de prestidigitation et autres.

Via delle Cascine, 41 R, bus 17, 29 ou 30, arrêt Piazza Puccini • ☎ 055 36 20 67 • www.teatropuccini.it • Billetterie : 1 h avant le spectacle ou au Box Office (voir p. 128) • Spectacle à 21h (16h45 le dim.) Billets : 15-25 €.

Boutiques

PAR QUARTIER

Les coups de cœur DE NOTRE AUTEUR

Entre bijoux, livres anciens et étoffes chatoyantes, Florence et ses artisans séduisent les visiteurs les plus exigeants... Notre auteur s'est laissé charmer par l'élégance florentine.

ANGELA CAPUTI

Pour ses irrésistibles bagues, colliers et bracelets conçus comme autant d'œuvres d'art. Voir p. 162.

OLFATTORIO

Un superbe bar à parfums dans la rue la plus élégante de Florence. Voir p. 162.

SCRIPTORIUM

Pour les amateurs de reliures et de beau papier, une ravissante échoppe à deux pas du Duomo. Voir p. 171.

Angela Caputi

Olfattorio

CASTORINA

Dans cet atelier de l'Oltrarno se mêlent angelots potelés et cadres en bois sculpté. Voir p. 179.

LORENZO VILLORESI

Au pied du jardin Bardini, l'antre d'un maître en fragrances. Un enchantement. Voir p. 181.

À SAVOIR

OÙ FAIRE SES ACHATS ?

Le quartier de la **mode** se situe autour de la via de' Tornabuoni. La piazza della Repubblica, la via Roma et la via dei Calzaiuoli constituent l'autre pôle d'attraction chic, avec boutiques de vêtements, de chaussures et de sacs. Les **antiquaires** sont regroupés autour de la via de Maggio, tandis que les **brocanteurs** se sont établis borgo Allegri, près du marché aux puces de la piazza Pietro Annigoni. C'est dans le quartier de San Lorenzo que l'on trouve les boutiques gourmandes les moins chères (via Faenza), tandis que Santo Spirito et San Frediano sont le repaire des **artisans.**

HORAIRES D'OUVERTURE ET SOLDES

Les magasins ouvrent généralement de 9h30 à 13h et de 15h à 19h30, sauf le dimanche. La grande majorité ferme le lundi matin ou, de juin à septembre, le samedi après-midi. Seuls les commerces se trouvant dans des zones d'affluence touristique sont ouverts le dimanche en horaire continu. Les artisans partant en congé tout le mois d'août, mieux vaut téléphoner au préalable. Les soldes ont lieu deux fois par an, en janvier et en juillet, à partir de la 2e semaine du mois, et sont signalés par de grandes affiches *sconti, saldi* ou *outlet.*

MESURES ITALIENNES

N'oubliez pas de faire la conversion en mesure italienne, qui de toute façon taille petit, en ajoutant deux tailles. Pour les chaussures, il faut simplement ajouter une unité à la pointure italienne pour obtenir la pointure française. Un 37 italien correspond à un 38 français.

France	36	38	40	42	44	46	48	50
Italie	40	42	44	46	48	50	52	54

SE REPÉRER

Chaque adresse de boutique est associée à une pastille rouge numérotée. Vous retrouverez toutes les adresses positionnées sur le plan détachable.

Boutiques PAR QUARTIER

Du Duomo au Museo del Bargello (Quartier 1 - p. 22)

SANDRO P2
Mode ① Plan H6

Sandro Pestelli suit de très près les tendances de la mode pour l'homme et pour la femme dans ce décor d'opéra. Le style ? Élégant, décontracté à base de marinières, polos (autour de 100 €), gilets fins et bermudas revisités. Les matières ? Du coton et de la maille.

Via de' Tosinghi, 7 R • ☎ 055 21 50 63 • Lun.-sam. 10h-13h30 et 15h-19h30 ; f. lun. mat. en hiver et sam. ap.-m. en été.

Flow Store

FLOW STORE
Mode ② Plan H6

Cet immense espace à la décoration boisée réunit créateurs italiens et étrangers pour se façonner un look très branché, sportswear ou carrément dandy. Vous y trouverez un large choix de denims, chemises, tee-shirts (70-250 €), vestes, chaussures, accessoires, et le même dressing décliné au féminin pour faire plaisir à votre moitié.

Via Vecchietti, 20 R • ☎ 055 21 55 04 • Facebook : Flow Store • T.l.j. 10h-19h30, dim. 14h30-19h30.

PNP (A PIEDI NUDI NEL PARCO)
Mode femme ③ Plan I7

L'antre chic et *dark* de l'avant-garde italienne (Alessandra Marchi, Masnada...) pour les anticonformistes de la mode : lignes déstructurées, baskets cloutées, sacs graphiques, collants imprimés, drapés-pliés et couleurs sombres.

Via del Proconsolo, 1 R (angle via Dante Alighieri • ☎ 055 21 00 99 • www.pnp-firenze.com • Lun.-sam. 10h30-19h30, dim. 12h-19h30.

BENHEART
Mode homme ④ Plan H7

Originaire de Fès, le styliste Hicham Ben'Mbarek en connaît un rayon sur le cuir. Dans son échoppe où tout est *made in Italy*, vous trouverez de superbes blousons (320 €), des vestes et des baskets en cuir très mode (190 €), ainsi qu'un grand choix de ceintures brutes, cloutées ou à coutures (de 50 à 100 €) que l'on peut faire personnaliser gratuitement sur place.

Via dei Cimatori, 25 R
• ☎ 055 04 62 638
• www.benheart.it
• T.l.j. 10h-20h.

Les grands magasins

Coin et La Rinascente sont les deux grands magasins de Florence, le second étant plus populaire. Chez Coin, on trouve des articles de bonne qualité, de la vaisselle aux vêtements, à des prix inférieurs à ceux pratiqués dans les boutiques.

Coin : via dei Calzaiuoli, 56 R (plan H7) • ☎ 055 28 05 31 • www.coin.it • Lun.-sam. 10h-20h, dim. 10h30-20h.
La Rinascente : piazza della Repubblica, 3-5 (plan H7) • ☎ 055 28 36 12 • www.rinascente.it • Lun.-sam. 9h-21h, dim. 10h30-20h.

REPLAY
Mode homme ⑤ Plan H6

Tee-shirt, jean, baskets… la tenue est universelle, mais elle se décline à l'infini, avec la chemise à carreaux très tendance (89 €) ou l'indémodable sweat (99 €). Dans cet univers bleu jean, les coupes, les couleurs et les coutures rivalisent d'originalité. Comptez au minimum 120 € pour un jean.
Via de' Pecori, 7/11 R • ☎ 055 28 79 50 • www.replay.it • Mar.-sam. 10h-19h30, dim.-lun. 12h-19h30.

CANTO DE' RICCI
Outlet ⑥ Plan I6

Courez dans cet *outlet*, le bon plan pour se chausser à prix cassés. Des modèles classiques ou très mode, de bonne qualité, tous de fabrication italienne : ballerines de toutes les couleurs, sandales compensées et escarpins sexy pour ces dames, mocassins, derbys et autres chaussures de ville pour ces messieurs. Comptez de 59 à 99 € la paire.
Via Santa Elisabetta, 5 R • ☎ 055 23 81 641 • Lun.-sam. 10h-19h, dim. 12h-19h.

CALVANI SHOES
Chaussures ⑦ Plan H6-7

Cette boutique offre un choix intéressant de chaussures (à partir de 120 €), pour femme et homme, notamment des bottes et des bottines au look jeune et moderne. Les collections de Trippen et Martin Margiela sont présentées à côté des collections de tradition florentine.
Via degli Speziali, 7 R • ☎ 055 26 54 043 • www.calvanifirenze.it • Lun.-sam. 10h-19h30, dim. 14h30-19h30.

GILARDINI
Chaussures ⑧ Plan H6

On vient se chausser chez Gilardini depuis plus d'un siècle ! Une valeur sûre pour ceux et celles qui veulent conserver leurs souliers plusieurs saisons. Les modèles, très classiques, sont autour de 120 €.
Via de' Cerretani, 8 R et 20 R • ☎ 055 21 24 12 • www.gilardinishoes.it • Lun. et dim. 15h30-19h30, mar.-sam. 9h30-19h30.

Replay

Vintage ou *outlet*, LE TOP DES BONNES AFFAIRES

À Florence, les boutiques de mode *second hand* et vintage poussent comme des champignons. Parfois, on y trouve même des accessoires griffés vendus moitié moins chers que dans la via de' Tornabuoni. Voici quelques valeurs sûres !

Desii Vintage

DESII VINTAGE

Pour les hommes, un tout petit négoce, mais un vrai filon, à deux pas de la basilique San Lorenzo. Voir p. 170.

STREET DOING VINTAGE COUTURE

Dans le quartier de l'Accademia, une autre mine d'or, glamour et rétro. Pour femmes surtout. Voir p. 171.

BOUTIQUE NADINE

Du côté de Santa Croce, une boutique inspirée qui fleure bon la cire et les prix doux. Voir p. 172.

CERI VINTAGE

Le temple du *shabby chic*, de l'élimé et du vieux godillot. Près de la Cappella Brancacci. Voir p. 176.

THE MALL

Un petit tour en bus et vous voici au cœur du plus grand magasin d'usine de la campagne florentine. Voir encadré p. 181.

Ceri Vintage

PUSATERI
Gants ⑨ Plan H7

Cette maison florentine, spécialisée dans les gants en peau depuis 1958, propose un grand choix de modèles classiques ou modernes pour hommes et femmes (39-135 €). Une belle palette de coloris, quelques détails chic, gants longs, mi-longs ou mitaines, il y en a pour tous les goûts.
Via Calzaiuoli, 25 R • ☎ 055 21 41 92 • Lun.-sam. 10h-19h, dim. 11h-19h.

THARROS
Bijoux ⑩ Plan I7

Des bijoux anciens à prix démocratique, quelle aubaine ! D'accord, ce sont des copies, mais avec de véritables perles et des pierres montées sur de l'argent ou du cuivre doré, et entièrement faites à la main. À vous les bracelets Liberty, les boucles d'oreille victoriennes et les broches Art déco pour épater vos copines qui n'y verront que du feu ! À partir de 15 €.
Vicolo dei Cerchi, 2 R • ☎ 055 28 41 26 • www.tharros.com • Lun. 15h30-19h30, mar.-sam. 10h-13h et 15h30-19h30.

KIKO COSMETICS
Cosmétiques ⑪ Plan H6

Cette marque milanaise de cosmétiques a un succès fou auprès des jeunes Italiennes. Et pour cause, elle affiche des prix imbattables et une gamme de couleurs infinie et très tendance pour les vernis (2,50 €), les rouges à lèvres (à partir de 2,50 €) ou les ombres à paupières (4,90 €). Les soins anti-âge (à partir de 15 €) et les crèmes solaires (10 €) sont aussi très bon marché. Les deux magasins florentins ne désemplissent pas !
Via dei Calzaiuoli, 82 R • ☎ 055 26 70 329 • www.kikocosmetics.it • T.l.j. 10h-20h.

BIZZARRI
Herboristerie ⑫ Plan H7/I7

Quel est le goût de la manne du désert ? De quelle couleur est le sang du dragon ? Quel arôme a la myrrhe apportée par les Rois mages ? Les réponses se trouvent au fond des tiroirs et dans les fioles de ce magasin, à la fois droguerie et herboristerie. On vient de loin pour y trouver des ingrédients bizarres qui entrent dans la composition de recettes séculaires.
Via della Condotta, 32 R • ☎ 055 21 15 80 • www.bizzarri-fi.biz • Lun.-ven. 9h30-13h et 16h-19h30, sam. 9h30-13h ; f. août.

BARTOLUCCI
Jeux et jouets ⑬ Plan I7

Dans cette ancienne quincaillerie où trône un vieux modèle de voiture sculpté à taille réelle, on trouve des tas de jouets et d'objets en bois de toutes tailles, mécaniques ou non. Tous ces objets ne sont pas toujours au goût des parents, mais les enfants adorent. Cela va de la Vespa (env.

60 €) au puzzle (à partir de 20 €), sans oublier un Pinocchio, tout en bois, bien évidemment !
Via della Condotta, 12 R • ☎ 055 211 773 • www.bartolucci.com • T.l.j. 9h30-19h30.

CITTÀ DEL SOLE NATURA E...
Jeux et jouets ⑭ Plan I6

Cette boutique propose des jouets traditionnels en bois. Ils sont tous choisis pour développer l'esprit créatif et l'imagination des enfants de 0 à 14 ans. Une partie de la boutique est consacrée à la découverte. C'est une vraie mine d'idées de cadeaux qui vous rappelleront de bons souvenirs.
Via dello Studio, 23 R • ☎ 055 27 76 372 • www.cittadelsole.it • Lun.-sam. 10h-19h30, dim. 10h30-19h30.

DITTA LUCA DELLA ROBBIA
Majoliques ⑮ Plan I7

Après la visite du Bargello, vous aurez peut-être envie d'acquérir une de ces belles majoliques : assiette historiée de Montelupo, *albarelle a porcellana, tondo* avec madone sur fond bleu... Juste en face, cette boutique se spécialise dans les copies de pièces anciennes. Réalisées dans leur propre atelier, les céramiques sont tournées et décorées à la main, émaillées et signées. Des objets d'art à partir de 15 €.
Via del Proconsolo, 19 R • ☎ 055 28 35 32 • Lun.-sam. 10h30-18h30, dim. 13h-18h30 ; f. dim. en hiver et lun. en fév.

ROCK BOTTOM RECORDS
Disques ⑯ Plan I7

Ce disquaire indépendant est une mine de vinyles rock, punk, new-wave et indie pop (à partir de 10 €). Le choix est immense et les bacs truffés de références pointues, de pièces rares et de collectors, pouvant atteindre plusieurs centaines d'euros.
Via de' Giraldi, 16 R • ☎ 055 24 52 20 • www.rockbottom.it • Lun.-sam. 10h-13h et 15h30-19h ; f. sam. apr.-m. juil.-août.

LIBRERIA ANTIQUARIA GONNELLI
Livres anciens ⑰ Plan I6

Cette belle librairie, l'une des plus anciennes d'Italie, forme, avec ses étagères en bois précieux rythmées de pilastres dorés, un magnifique écrin pour la présentation de manuscrits et d'incunables reliés de cuir. Elle est très riche en livres anciens traitant de l'histoire de Florence et de la Toscane.
Via Ricasoli, 6/14 R • ☎ 055 21 68 35 • www.gonnelli.it • Lun.-ven. 9h-13h et 15h30-19h ; f. lun. en hiver.

SIMONE TADDEI
Accessoires de bureau
⑱ Plan I7

Entièrement réalisés à la main, les boîtes, étuis, coffrets et garnitures de bureau en cuir sont finement patinés, ce qui leur

Bartolucci (voir p. 157)

confère leur élégance. Les prix sont raisonnables (70 € pour un coffret de taille moyenne) compte tenu de la quantité de travail !

Via Santa Margherita, 11 R • ☎ 055 23 98 960 • Lun.-sam. 8h30-13h et 14h30-19h30 ; f. en août et une sem. en janv.

FABRIANO
Papeterie ⑲ Plan 16-7

On fabrique du papier à Fabriano depuis le XIIIe s. Dans cette papeterie, les articles classiques côtoient les modèles les plus design : papiers à lettres colorés, carnets imprimés de vieux plans de Florence, calendriers, journaux intimes, agendas, carnets de voyage et trousses à compartiments pour crayons de couleur. Pour 1,20 €, de jolis crayons de papier.

Via del Corso, 59 R • ☎ 055 28 51 94 • www.fabrianoboutique.eu • Été : t.l.j. 10h-20h ; hiver : t.l.j. 9h30-19h30.

TORRINI FOTOGIORNALISMO
Photographies ⑳ Plan I7

Pour dénicher des clichés en noir et blanc issus des archives photographiques Torrini. Avec ses quelque trois millions de négatifs, c'est l'une des plus importantes collections de photographies consacrées à Florence. Une bonne idée de cadeau pas cher (à partir de 14 €) qui se décline aussi en carte postale (1,50 €) et sous forme de catalogue.

Via della Condotta, 20 R • ☎ 055 48 01 57 • www.torrinifotogiornalismo.it • T.l.j. 9h30-19h30.

Migone

PEGNA
Épicerie fine ㉑ Plan I6

Caché dans une ruelle près du Duomo, c'est un petit supermarché de luxe très fréquenté par les Florentins. Vous y trouverez un grand choix de vins, d'huiles, de conserves et de spécialités toscanes, bref, tout ce qui vous a tenté pendant votre séjour, à un prix plus abordable que dans les épiceries gastronomiques.

Via dello Studio, 8 R
• ☎ 055 28 27 01
• www.lapegna.it
• Lun.-sam. 10h-19h30, dim. 11h-19h.

MIGONE
Confiserie ㉒ Plan H6

Depuis 1919, la famille Migone confectionne une multitude de douceurs toscanes selon des recettes très anciennes. L'arrêt idéal pour faire l'emplette de cadeaux gourmands : *panforte* au chocolat ou à la pomme, *pan di Dante* (biscuit aux amandes, 3,60 €/100 g), *cantuccini* (croquants aux amandes), appelés aussi *biscotti di Prato, torrone* (nougats), pralines, confiseries et truffes au chocolat.

Via dei Calzaiuoli, 85 R
• ☎ 055 21 40 04
• Facebook : Migone Confetti Firenze
• Lun.-sam. 9h30-19h30, dim. 10h30-19h30.

De piazza della Signoria au Ponte Vecchio (Quartier 2 - p. 34)

GABRIELLA NANNI
Bijoux ㉓ Plan H7-8

Gabriella Nanni dessine deux lignes de bijoux : Disegni di luce (Dessins de lumière) et Storia di mare (Histoire de mer). La première met en avant le verre de Murano, la seconde magnifie les perles, le corail, la turquoise, les ammonites... À partir de 60 €.

Via Lambertesca, 28 R
• ☎ 055 21 48 38
• www.gabriellananni.it
• Mar.-dim. 10h-14h et 15h-19h.

ERBORISTERIA PALAZZO VECCHIO
Herboristerie ㉔ Plan H7

Florence ne serait pas la même sans sa multitude d'herboristeries. Des produits artisanaux à base de plantes dédiés à votre bien-être physique et mental : sels de bain aux iris de Florence, déodorant sur mesure, masque à l'argile et à la sauge, ou encore shampoing au henné (10 €/200 ml). Mais leur spécialité reste le parfum (avec ou sans alcool) : muguet de printemps, agrumes de Sicile, rose bulgare, ambre du Népal... Le plus dur est de faire son choix.
Via Vacchereccia, 9 R • ☎ 055 23 96 055 • www.spezieriepalazzovecchio.it • Lun.-sam. 10h-19h30 ; f. deux sem. en août.

GALLERIA MACHIAVELLI
Céramiques ㉕ Plan H7

Des décors de fleurs et de fruits sur des jarres de jardin, des compotiers et des assiettes reprenant des motifs Renaissance, ou encore les superbes *cesti di frutta*, paniers de fruits en céramique pour décorer la table... Une production actuelle d'un céramiste de Montefiesole, à des prix plutôt élevés, mais on y trouve aussi de petites pièces à partir de 10 € !
Via Por Santa Maria, 39 R • ☎ 055 23 98 586 • www.machiavelli.it • Lun.-sam. 9h-19h.

Autour de la via de' Tornabuoni (Quartier 3 - p. 42)

PATRIZIA PEPE
Mode femme ㉖ Plan H6-7

Féminines et sensuelles, les collections de prêt-à-porter de cette griffe florentine s'adressent aux femmes qui souhaitent être sexy et élégantes sans sacrifier pour autant le côté pratique du vêtement. De nombreux accessoires et chaussures sont également disponibles. Les prix restent acceptables au vu de la qualité des vêtements. Comptez en moyenne 170 € pour une robe.
Via degli Strozzi, 11/19 R • ☎ 055 23 02 518 • www.patriziapepe.com • Lun.-sam. 10h-19h30, dim. 10h-19h.
Autre adresse (accessoires) : piazza San Giovanni, 12 R (H6) • ☎ 055 26 45 056 • T.l.j. 10h-19h30.

MALÌPARMI
Mode femme ㉗ Plan G7

La femme Malìparmi ose la couleur et les gros imprimés. Des influences que la créatrice Annalisa Paresi ramène de ses nombreux voyages en Inde et mêle à son amour pour les tissus d'intérieur vintage. Que ce soit la robe fleurie (200-300 €) ou le pantalon basique (à partir de 150 €), la plupart de ses modèles sont simples, et comportent LE détail qui fait mouche. Sans oublier les accessoires indispensables :

le collier de perles (à partir de 100 €), les sandales rehaussées de bijoux et les sacs en soie brodée.
Via del Parione, 11 R • ☎ 055 27 17 706 • www.maliparmi.it • Lun. 15h-19h30, mar.-sam. 10h-19h30, dim. 13h-19h.

INFINITY
Maroquinerie (28) **Plan G7**

La famille Provaroni travaille le cuir depuis plus de 40 ans. Au 1er étage, les petites mains s'affairent pour créer des sacs à main souples et colorés (45-200 €), des sacs de voyage aux finitions parfaites (env. 700 €) ou des ceintures. Eugenio se fera un plaisir de vous ouvrir les portes de son atelier si vous le lui demandez.
Borgo SS. Apostoli, 18 R • ☎ 055 23 98 405 • www.infinityfirenze.com • Lun.-sam. 10h-19h.

GATTO BIANCO
Bijoux (29) **Plan H7-8**

Carla marie les matières les plus diverses, des perles et pierres semi-précieuses au Plexiglas pour en faire des bijoux-sculptures. En argent, or et acier, ils sont entièrement construits à la main et constituent chacun un pur chef-d'œuvre. À partir de 50 €.
Borgo SS. Apostoli, 12 R • ☎ 055 28 29 89 • Lun.-sam. 10h-13h et 15h30-19h ; f. lun. mat. en hiver et sam. ap.-m. en été.

ANGELA CAPUTI, GIUGGIÙ
Bijoux (30) **Plan H7**

Depuis 1975, Angela Caputi réalise des bijoux en résine. Aujourd'hui, ils font la une des magazines de mode et ont même été exposés au Metropolitan Museum of Art de New York. Sautoirs, boucles d'oreille (29-100 €), bracelets (10-120 €).
Borgo SS. Apostoli, 44/46 R • ☎ 055 29 29 93 • www.angelacaputi.com • Lun.-sam. 10h-13h et 15h30-19h30 ; f. 10 j. en août.

OLFATTORIO
Parfums (31) **Plan G7**

Dans ce bar à parfums, les délicates senteurs de parfums français, anglais ou australiens sont proposées à la « dégustation » dans des flûtes à champagne adaptées à votre précieux nez ! N'hésitez pas à demander au vendeur de vous

Le meilleur
DU PETIT CADEAU

Papetier, relieur, herboriste... Florence regorge d'artisans passionnés et de boutiques atypiques où l'on pourra dénicher de jolis souvenirs, des Pinocchio façonnés à la main et quelques idées cadeaux originales. Voici les boutiques les plus craquantes.

OFFICINA PROFUMA-FARMACEUTICA DI SANTA MARIA NOVELLA

Près du couvent de Santa Maria Novella, une profusion de parfums, de baumes et de savons à l'ancienne. Voir p. 50.

KIKO COSMETICS

Entre le Campanile et les Offices, tout plein de cosmétiques à petits prix. Voir p. 157.

CITTÀ DEL SOLE NATURA

De nombreux jouets créatifs et durables, dans le quartier du Duomo. Voir p. 158.

FABRIANO

Un papetier qui confectionne de jolis agendas et carnets. À deux pas de la maison de Dante. Voir p. 159.

MAESTRI DI FABBRICA

Près du musée d'Anthropologie, un show room rigolo qui donne un peu le tournis. Voir p. 174.

Maestri di Fabbrica

L'IPPOGRIFO

De l'autre côté de l'Arno, une échoppe emplie de gravures rehaussées à l'aquarelle.
Voir p. 179.

Il Papiro

ouvrir le musée, qui renferme une belle collection de poudriers des années 1880 aux années 1960.
Via de' Tornabuoni, 6 R
• ☎ 055 28 69 25
• www.olfattorio.it
• T.l.j. 10h30-19h30.

G. UGOLINI MOSAICI
Mosaïques (32) Plan G7

Cette galerie expose depuis 1868 des mosaïques de pierres dures réalisées par des artistes locaux. Portraits dans le style Modigliani, vues de Florence, paysages ou papillons, on admire la précision du geste. Outre les tableaux et les tables, vous serez peut-être charmé par les bijoux, broches et pendentifs incrustés de fleurs. À partir de 180 €.
Lungarno Acciaioli, 66/70 R
• ☎ 055 28 49 69
• www.ugolinimosaici.com
• Lun.-sam. 9h-13h et 15h-19h, dim. 15h-19h.

Gucci, Ferragamo, Pucci, les trois grands noms de la mode florentine

Gucci
Sacs, montres, lunettes de soleil, foulards en soie...

Via de' Tornabuoni, 73-81 R (plan G7) • ☎ 055 26 40 11 • www.gucci.com • Lun.-sam. 10h-19h30, dim. 10h-19h.

Salvatore Ferragamo
Le bottier de Hollywood. Les souliers mythiques de Ferragamo sont exposés dans le musée au sous-sol (voir p. 43).

Via de' Tornabuoni, 14 R (plan G7) • ☎ 055 29 21 23 • www.ferragamo.com • Lun.-sam. 10h-19h30, dim. 11h-19h.

Emilio Pucci
Drapés soyeux et imprimés pop, pour la marque glamour des années 1960.

Via de' Tornabuoni, 20-22 R (plan G7) • ☎ 055 26 58 082 • www.emiliopucci.com • T.l.j. 10h-19h.

IL PAPIRO
Papeterie ㉝ Plan H8

Outre des cadeaux originaux à petits prix, comme un crayon marbré (à partir de 3,50 €), un trio de livres miniatures et de jolis carnets recouverts de papier marbré, vous pouvez faire imprimer des cartes de visite. Sachez qu'au prix des cartes, et en fonction de la quantité et du modèle choisi, il faut ajouter environ 75 € pour l'impression et 9 € pour l'expédition à domicile.

Lungarno degli Acciaiuoli, 42 R
- **☎ 055 26 45 613**
- **www.ilpapirofirenze.eu**
- **T.l.j. 10h-18h.**

Autre adresse : piazza del Duomo, 24 R (16)
- **☎ 055 28 16 28**
- **Mêmes horaires.**

Agora Z

AGORA Z
Cadeaux et curiosités ㉞ Plan H7

Niché dans la cour du Palazzo Strozzi, Agora Z mixe objets contemporains en éditions limitées, livres d'art, gadgets créatifs et pièces artisanales. Dans les vitrines, de la vaisselle design et des bijoux de créateurs italiens franchement originaux, comme ces boucles d'oreille en verre de Venise semblables à des bulles de savon, signées Marina et Susanna (25 €).

Palazzo Strozzi, piazza degli Strozzi, 1
- **www.palazzostrozzi.org**
- **Ven.-mer. 10h-20h, jeu. 10h-23h.**

LA BOTTEGA DELL'OLIO
Épicerie fine ㉟ Plan G7

Donnant sur une jolie petite place, la Bottega dell'Olio se visite comme un havre de paix. Une sélection d'huiles d'olive extra-vierges de tout le pays, mais aussi un choix d'huiles aromatiques pour nuancer vos plats. Des préparations à déguster comme de la pâte d'olive, ainsi que des produits de soin à base d'huile d'olive.

Piazza del Limbo, 2 R
- **☎ 055 26 70 468**
- **www.labottegadellolioﬁrenze.it**
- **Lun. 14h30-18h30, mar.-sam. 10h-13h et 14h-18h30.**

Autour de Santa Maria Novella (Quartier 4 - p. 46)

RETROUVER
Mode femme ㊱ Plan G6

Voilà une belle moisson de créateurs florentins et italiens méconnus dans une boutique qui invite à prendre son temps. Des robes aux sacs en passant par les chaussures et les bijoux fantaisie, on est tenté par une multitude de pièces chic, actuelles et romantiques. Comptez au minimum 150 € pour un top.

Via delle Belle Donne, 16 R • ☎ 055 21 06 18 • Facebook : Retrouver Firenze • Lun. 15h30-19h, mar.-sam. 10h30-19h30, 3e dim. du mois 10h-19h.

EPOCA VINTAGE
Vintage ㊲ Plan C3

Sur les pas de son grand-père, qui vendait des nippes d'occasion au marché San Lorenzo dans les années 1960, Valentina compile le meilleur du vintage italien et d'ailleurs pour homme et femme. Entre les blouses en soie, les robes aux imprimés pop, les sacs griffés, les vestes en cuir, les mocassins en croco et les trilby *so british*, nul doute que vous mettrez la main sur quelques pépites.

Epoca Vintage

Marchés aux puces

Mercato Santo Spirito (C4) : le 2e dimanche du mois, objets artisanaux et vieilleries en tout genre envahissent la piazza Santo Spirito.

Mercato Fortezza da Basso (C1) : le 3e dimanche du mois, ce grand marché fleurit autour du lac de la forteresse. Idéal pour chiner petits bibelots kitsch, cartes postales rétro, meubles et vêtements vintage.

Mercato delle Pulci (E3) : le dernier dimanche du mois, la piazza Pietro Annigoni et son marché aux puces permanent (voir p. 67) accueillent les stands des brocanteurs de la région.

Via dei Fossi, 6 R • ☎ 055 21 66 98 • www.epocavintage.it • T.l.j. 10h-13h30 et 15h30-19h30.

IL BUSSETTO
Maroquinerie ㊳ Plan B2

Giuseppe Fanara élabore porte-monnaie (35-39 €), pots à crayons, porte-clés, étuis à cartes ou à lunettes et boîtes à bijoux, à faire personnaliser avec ses initiales dans la boutique-atelier. Tous ces petits objets sans coutures prennent forme grâce à la technique du cuir mouillé et se déclinent dans de jolis coloris.

Via Palazzuolo, 136 R • ☎ 055 29 06 97 • www.ilbussettofirenze.com • Lun.-ven. 9h-13h et 15h30-19h30, sam. 9h-13h.

IL BISONTE
Maroquinerie ㊴ Plan G7

Si la ligne s'est épurée, Wanny Di Filippo est resté fidèle au sac besace avec lequel il a débuté. Sac à main, sac à dos ou porte-documents, la tendance est plutôt sportive, privilégiant les tons naturels de la peau de vachette et les solides fermoirs en cuivre (150-650 €).

Via del Parione, 31/33 R • ☎ 055 21 57 22 • www.ilbisonte.com • Lun.-sam. 10h-19h, dim. 11h30-18h30.

APROSIO & CO
Bijoux ㊵ Plan G6

La nature, surtout les insectes et les fleurs, est la principale source d'inspiration d'Ornella Aprosio. Des créations légères, scintillantes et très originales (boucles d'oreille à partir de 39 € et bracelets à partir de 55 €) qui feront des jalouses !

Via del Moro, 75/77 R • ☎ 055 21 01 27 • www.aprosio.it • Lun.-ven. 10h-19h, sam. 10h30-19h30.

MÜNSTERMANN
Produits de beauté
㊶ Plan C3

Depuis 1897, la première pharmacie homéopathique d'Italie élabore de façon artisanale fragrances et cosmétiques naturels (prix autour de 15-25 €). Lotions pour le corps et crèmes pour le visage (sans additifs, parfums ou colorants synthétiques), shampoings très doux, masques de beauté, after-shave, produits solaires à base de carotte et noix de coco, et eaux de toilette à l'Iris Fiorentina ou au magnolia.

Piazza Goldoni, 2 R • ☎ 055 21 06 60 • www.munstermann.it • Mar.-sam. 10h-13h et 14h-19h.

TIP-TAP
Mode enfant ㊷ Plan G6

Une échoppe incontournable pour chausser les petits petons avec les célèbres marques italiennes Naturino ou Pèpè (env. 69 €). C'est toutefois sur la ligne de la maison, Tip-Tap, qu'il faut se pencher : d'adorables souliers pour petites filles modèles, comme ces *babies* tout droit sorties des *Malheurs de Sophie*

(autour de 85 €), de fabrication artisanale et d'excellente qualité. Des classiques intemporels...
Via della Spada, 50 R
• ☎ 055 23 98 488 • www.tip-tap.it
• Lun. 16h-20h, mar.-ven. 10h30-13h30 et 16h-20h, sam. 10h30-19h30.

100 % BIRBE
Mode enfant ㊸ **Plan C3**

Derrière 100 % Birbe se cache la créatrice Costanza, qui confectionne à la main une ribambelle de pièces uniques pour les bambins. Tee-shirts, bavoirs aux imprimés rétro (12-15 €), peluches et doudous en tissu, sacs et attache-tétines façon bretelle (très pratique !), tout est adorable. Un petit monde féerique rempli de jouets en bois, de lampes Bambi et de poupées rigolotes à vous donner la nostalgie des années poussette.
Borgo Ognissanti, 2 R
• ☎ 055 01 18 678
• www.100birbe.com • Lun. 15h30-19h30, mar.-sam. 10h-13h et 15h30-19h30 ; f. sam. ap.-m. juil.-août.

DIVA BABIES
Mode enfant ㊹ **Plan G7**

Les mamans ou papas mode se rendront sans tarder dans cet *outlet* dédié aux enfants de 0 à 14 ans. Valeria Costantini y propose les plus grandes marques à des prix attractifs (rabais de 30 à 70 % sur le prix d'origine) : Ermanno Scervino, Monna Lisa, Patrizia Pepe, Burberry ou encore Ralph Lauren. De quoi habiller ses jeunes pousses avec style sans se ruiner.
Via della Vigna Nuova, 6
• ☎ 055 29 56 20 • www.divababies.it
• T.l.j. 10h30-19h30.

LORETTA CAPONI
Mode enfant ㊺ **Plan G6**

Depuis l'âge de 9 ans, Loretta Caponi brode et manie l'aiguille de ses doigts de fée, une passion qu'elle a transmise à sa fille Lucia. Le palais Aldobrandini-Rembotti, avec ses plafonds ornés de fresques et son mobilier du XVIIIe s., est l'écrin idéal pour présenter les collections de fines dentelles, le linge de maison brodé, les délicates robes de baptême et autres merveilles. Les barboteuses (78 €) sont vraiment craquantes, et les nuisettes romantiques à souhait. Bien sûr, tout cela a un certain prix, mais leurs créations valent le coup d'œil.

Piazza degli Antinori, 4 R • ☎ 055 21 36 68 • www.lorettacaponi.com • Lun. 15h30-19h30, mar.-sam. 9h-13h et 15h30-19h30 ; ouv. lun. mat., f. sam. ap.-m. en été.

RICHARD GINORI
Porcelaine ㊻ Plan G6

La manufacture de Doccia, l'une des plus anciennes en Europe, produit toujours une porcelaine d'une extrême finesse marquée Richard-Ginori depuis 1896 (assiettes à partir de 8 €). Outre des reproductions de modèles anciens, on y trouve les nouvelles collections dessinées par Missoni ou la très belle ligne Art déco de Giò Ponti.

Via Rondinelli, 17 R • ☎ 055 21 00 41 • www.richardginori1735.com • Lun.-mer. 10h-19h, jeu.-sam. 10h-19h30, dim. 12h-19h.

ANTONELLA PRATESI
Objets anciens ㊼ Plan C3

Au fond de la cour niche un adorable cabinet de curiosités. Ici, pas de grandes antiquités ruineuses, mais au contraire, une foule de petits objets choisis pour leur charme ou leur côté insolite. Vieilles photos érotiques sous cadre (env. 20-40 €), pantins désarticulés, affiches rétro et décorations de Noël, spécialité de la maison.

Cortile Fossombroni, via dei Fossi, 7 R • ☎ 055 28 76 83 • Facebook : Antonella Pratesi Antichità • Lun.-sam. 10h-13h et 15h-19h ; parfois f. juil.-août.

ALBERTO COZZI
Papier marbré ㊽ Plan G7

Chez Alberto Cozzi, une partie de l'atelier de reliure est consacrée à la fabrication de ces feuilles multicolores. Une cuve est remplie d'un bain de gélatine, puis on laisse tomber en surface selon l'inspiration quelques gouttes de jaune, de bleu, d'or ou d'argent. Avec un grand « peigne » passé à la surface, on étire ensuite la couleur, lui faisant faire des volutes et créant par exemple un motif palmette. Il ne reste plus qu'à déposer la feuille sur ce bain pour fixer les couleurs sur le papier. Une feuille coûte 10 €. Vous pourrez l'utiliser pour recouvrir un album-photo ou tapisser l'intérieur d'une boîte ancienne.

Via del Parione, 35 R • ☎ 055 29 49 68 • Facebook : Alberto Cozzi Firenze • Lun.-ven. 9h-13h et 15h-19h, sam. 15h-19h ; f. 2e et 3e sem. d'août.

VOIR AUSSI :

Voir aussi Officina Profuma Farmaceutica di Santa Maria Novella | p. 50 | ㊾ Plan C2

Bartolini

San Lorenzo, fief des Médicis (Quartier 5 - p. 52)

DESII VINTAGE
Fripes — 50 Plan C2

Un petit bijou de boutique pour homme mêlant vêtements d'occasion sortis des placards mode de Florence, pièces vintage et fins de collections neuves à prix discount. Pour s'habiller chic et branché, beaux choix de derbys en cuir à peine fatiguées, de vestes Barbour, de baskets New Balance et d'accessoires : lunettes, cravates, carrés de soie, sacs de voyage Vuitton, valises en cuir rétro... La boutique femme juste à côté est aussi riche en trouvailles.

Via dei Conti, 17/21 R • ☎ 055 23 02 817 • Facebook : Desii Vintage • Lun. 11h30-19h30, mar.-sam. 10h30-19h30.

FURÒ E PUNTERUOLO
Maroquinerie — 51 Plan C2

Du cuir d'origine toscane, tanné, teinté de couleurs naturelles et découpé artisanalement par Paolo, qui réalise les finitions sous vos yeux dans sa boutique-atelier. On choisit parmi de belles ceintures très sobres (45-50 €), de petits porte-monnaie originaux (15 €) et de grands sacs à main élégants (180-300 €).

Via del Giglio, 29 R • ☎ 348 43 70 867 • T.l.j. 10h-19h.

LO SCRITTOIO
Papeterie/reliure — 52 Plan C2

Dans ce petit atelier, on voit les artisans en train de coudre et de relier les livres, les cahiers et les albums photo. Vous aurez le choix entre les couvertures en vachette (au grain très lisse) ou en sanglier (plus solide) et l'assortiment de boîtes (20-40 €) recouvertes de papier marbré.

Via Nazionale, 126 R • ☎ 055 26 70 380 • www.loscrittoio.biz • Lun.-sam. 9h-13h et 14h30-19h30 ; f. deux sem. en août.

VOIR AUSSI : **Mercato Centrale | p. 54 |** (53) Plan C2

San Marco et la Galleria dell'Accademia (Quartier 6 – p. 58)

STREET DOING VINTAGE COUTURE
Fripes (54) Plan D2

Les nostalgiques de la mode glamour trouveront ici les indispensables de la petite tenue dolce vita. Pièces des grandes maisons florentines (Pucci, Gucci, Ferragamo, Cavalli...), lunettes œil de chat pour jouer les félines, robes de cocktail hollywoodiennes, bibis rétro et sacs en cuir sixties semblent tirés d'un vieux film italien en noir et blanc. Une véritable mine d'or et des prix étonnamment raisonnables comparé aux concurrents. Dans le coin des bonnes affaires, tout est à 10-20 € !

Via dei Servi, 88 R • ☎ 055 53 81 334 • www.streetdoingvintage.it • Lun.-sam. 10h30-19h30, dim. 14h30-19h30.

FARMACIA SANTISSIMA ANNUNZIATA
Produits de beauté
(55) Plan D2

Un décor historique, des fragrances délicates et des crèmes sublimes. C'est l'un de ces lieux magiques dont Florence a le secret. Huiles essentielles, savon à l'hamamélis... toutes les préparations et les produits de soins cosmétiques sont fabriqués avec le même soin depuis 1561 ! Comptez 12 € pour un baume à la propolis.

Via dei Servi, 80 R • ☎ 055 21 07 38 • www.farmaciassannunziata1561.it • Lun.-ven. 9h-13h et 15h30-19h30, sam. 10h à 13h.

SCRIPTORIUM
Papeterie (56) Plan D2

Poussez la porte de cette échoppe d'un autre temps. Sur fond de musique classique, on feuillette des yeux de ravissants papiers à lettres, carnets en cuir reliés dans le style médiéval florentin (à partir de 24 €), stylos en bois ou à plumes, encriers à l'ancienne, écritoires, sceaux à vos initiales, boîtes en cuir (personnalisables à la feuille d'or), panneaux décoratifs en faux livres et une foule d'articles de bureau traditionnels. Loupes, cannes et coupe-papiers en argent massif remportent la palme de l'élégance.

Palazzo Pucci, via dei Pucci, 4 R • ☎ 055 21 18 04 • www.atelierscriptorium.it • Lun.-ven. 10h-13h et 15h30-19h30, sam. 10h-13h.

BARTOLINI
Ustensiles de cuisine
(57) Plan D2

Ouvert en 1921, Bartolini est LE magasin historique de Florence pour les ustensiles de

cuisine et la vaisselle. Tous les restaurants viennent se fournir ici en produits de qualité. Dans les rayons, le top des marques italiennes et européennes, notamment Bialetti, Alessi, Murano et Versace (vaisselle).
Via dei Servi, 72 R • ☎ 055 29 14 97 • www.bartolinifirenze.it • Lun.-sam. 10h-19h (19h30 en été).

De Santa Croce à Sant'Ambrogio (Quartier 7 - p. 64)

VELVET GOLDMINE
Mode ⑤⑧ Plan D3

Dans ce bar à tee-shirts ouvert en sous-sol par de jeunes créateurs florentins, on choisit d'abord le modèle de son tee-shirt (coupes et coloris variés), puis un design à imprimer dans les catalogues à disposition (20-25 €). Toutes les illustrations sont originales et créées spécialement pour la maison, vous ne les retrouverez donc pas ailleurs. Parmi les collections, on trouve les thèmes Florence (Ponte Vecchio ou David détournés), hipsters, films, musique ou mode.
Via de' Benci, 38 R • ☎ 055 38 60 034 • Facebook : Velvet Goldmine • Mar.-sam. 13h30-19h30.

MRS. MACIS
Mode femme ⑤⑨ Plan D3

La petite boutique éclaboussée de couleurs donne le ton des collections de cette créatrice florentine. Après avoir travaillé chez Pucci et trempé dans le design textile, Carla Macis s'amuse avec des patchworks de tissus imprimés à rayures, à pois ou façon boubou africain pour tailler robes (90-140 €), pantalons, chemisiers, vestes, sacs et pochettes en édition limitée (un à trois exemplaires).
Borgo Pinti, 38 R • ☎ 055 24 76 700 • Facebook : Mrs. Macis • Lun. 16h-19h30, mar.-sam. 10h30-13h et 16h-19h30 ; f. août.

BOUTIQUE NADINE
Vintage ⑥⓪ Plan D3

Si vous aimez le vintage et le style rétro, cette boutique est faite pour vous. Les créations de jeunes stylistes italiennes y côtoient les accessoires et vêtements Chanel, Hermès ou Gucci. Les robes (80-150 €) et les chemisiers en soie (à partir de 59 €), au drapé impeccable, se déclinent dans toutes les couleurs. On se perd dans les époques, mais l'élégance est toujours là. Comptez de 35 à 100 € pour un collier.
Via de' Benci, 32 R • ☎ 055 24 78 274 • www.boutiquenadine.it • Lun. 14h30-19h30, mar.-sam. 10h30-20h, dim. 12h-20h.

Mrs. Macis

LA BOTTEGA DEGLI ORAFI
Bijoux (61) Plan D3

Assister aux diverses étapes de la fabrication d'un bijou, commander une parure sur dessin sur le site Internet, se laisser tenter par un collier en argent battu (à partir de 250 €), faire graver ses armoiries... c'est possible dans cette *bottega* à l'ancienne, où l'on vous reçoit dans l'atelier.

Via de' Benci, 20 R • ☎ 055 24 20 26 • www.labottegadegliorafi.it • Lun.-sam. 9h-13h et 15h-19h30.

CUP OF MILK
Mode enfant (62) Plan D3

Pour changer des classiques italiens, faites un saut dans cette toute petite boutique de Santa Croce, où les marques européennes sont à l'honneur (prix autour de 30-40 €). Cup of Milk distille une mode *eco-friendly*, fun et pétillante, éclaboussée de couleurs pop ou pastel pour fille et garçon (0-12 ans). Tee-shirts graphiques, ballerines en cuir et accessoires plus craquants les uns que les autres, impossible de repartir les mains vides !

Borgo Pinti, 6 R • ☎ 055 38 60 576 • www.cupofmilk.it • Lun. 16h-19h30, mar.-sam. 10h-13h et 16h-19h30 ; f. deux dernières sem. d'août.

SOQQUADRO LIVING
Décoration (63) Plan D3

Entre œuvres d'art contemporain et design vintage, voici le

Maestri di Fabbrica

royaume des pièces uniques ! Des meubles des années 1950 aux années 1970 et une foule d'objets décoratifs originaux : téléphones en Bakélite, vases sixties ultra-kitsch, boules à neige, pendules en Formica, lampes pop.
Borgo Pinti, 13 R • ☎ 055 23 47 502 ou ☎ 347 57 53 549 • www.soqquadroliving firenze.wordpress.com • Lun.-sam. 11h-13h et 15h30-19h30 (appeler avant).

SBIGOLI TERRECOTTE
Terracotta (64) **Plan D3**

Outre une vaste production de jolie vaisselle, de pots et de cache-pots tournés et décorés à la main, depuis 1857, dans l'atelier contigu à la boutique, on vend ici de superbes pots de jardin en terre cuite fabriqués par des petits artisans toscans (de 1,50 à 20 €). La terre argileuse, riche en oxyde de fer, et la cuisson à haute température rendent ces pots résistants au gel.
Via Sant'Egidio, 4 R • ☎ 055 24 79 713 • www.sbigoliterrecotte.it • Lun.-sam. 9h-13h et 15h-19h30 ; f. sam. apr.-m. en été.

MAESTRI DI FABBRICA
Artisanat (65) **Plan D3**

Le savoir-faire de l'artisanat toscan est exposé dans les salles décorées de fresques en trompe l'œil du Palazzo degli Albizi. Les lampes et amphores en albâtre de Volterra, les couteaux de Scarperia, la céramique de Lucca, les verres soufflés à la bouche de Valdarno ou les cuivres de

Pescia... On y dénichera aussi des huiles bio, des petits savons toscans à partir de 1,50 €, des objets de décoration en résine, des bijoux de créateurs ou des sacs en cuir aux couleurs joyeuses dessinés par la maison (20-100 €).
Borgo degli Albizi, 68 R • ☎ 055 24 23 21 • www.maestridifabbrica.it • T.l.j. 10h-20h.

PAOLO CARANDINI
Objets en cuir ⑥⑥ Plan E3

Cet artisan florentin fait à la main des petits objets associant le cuir, le lin et le parchemin. Le design est moderne, le savoir-faire traditionnel. Pour rapporter de jolis cadeaux : vide-poches minimalistes (autour de 50 €), cadres photos et surtout « boîtes merveilleuses » habillées d'illustrations rétro (150-800 €).
Borgo Allegri, 7 R • ☎ 055 24 53 97 • Lun.-sam. 9h-13h et 16h-19h.

BACCO NUDO
Épicerie fine ⑥⑦ Plan E3

Que rapporter de votre week-end florentin ? Des *pici* (pâtes typiques du sud de la Toscane), des tapenades pour *crostini* à la truffe (10 €) ou à la volaille (8 €), de l'huile d'olive des collines alentour (15-18 € le litre), de la gelée de *vin santo* ou une bonne bouteille de brunello di Montalcino... Demandez conseil (en français) à Alberta.
Via dei Macci, 59/61 R • ☎ 055 24 32 98 • Lun. 15h30-19h30, mar.-sam. 10h-19h30.

Dolci & Dolcezze

DOLCI & DOLCEZZE
Pâtisserie ⑥⑧ Plan E3

Giulio Corti est l'un des grands pâtissiers florentins. Ses arguments : la qualité et la fraîcheur de ses produits, et un réel talent pour les transformer en délicieux desserts. Outre son célèbre gâteau au chocolat, il faut goûter le cheesecake à la poire, la tarte au citron et le pudding au chocolat et à l'amaretto. Et pour accompagner ces douceurs, des liqueurs de Sicile à l'orange.
Piazza Cesare Beccaria, 8 R • ☎ 055 23 45 458 • Mar.-sam. 8h30-19h30, dim. 9h-13h ; ouv. lun. et f. dim. en été.

VOIR AUSSI :

Scuola del Cuoio | p. 65 | ⑥⑨ Plan E3

Mercato Sant'Ambrogio Centrale | p. 66 | ⑦⓪ Plan E3

Mercato delle Pulci | p. 67 | ⑦① Plan E3

L'Oltrarno, Santo Spirito et San Frediano (Quartier 8 - p. 68)

QUELLE TRE
Mode femme ⑦② Plan C3

Trois sœurs, Cecilia, Luciana et Cristiana, élevées dans une famille de tailleurs, ont uni leurs talents pour dessiner une ligne de vêtements ultra-féminins. Intemporelles, en fibres naturelles, accessoirisées d'écharpes, de gants, de chapeaux et même de bijoux, les créations de « ces trois-là » plairont à celles qui privilégient la robe au pantalon. Comptez 130 € pour une jupe, 100 € pour un corsage.

Via di Santo Spirito, 42 R
• ☎ 055 21 93 74
• www.quelletre.com
• Mar.-sam. 10h30-13h30 et 15h-19h ; f. sam. ap.-m. juil.-août et 15 j. en août.

ANTONIO GATTO
Mode femme ⑦③ Plan C4

Tailler dans des étoffes choisies avec soin et créer de ravissants chapeaux, telle est la passion d'Antonio Gatto, un inconditionnel de la mode des années 1930 et 1940. Dentelles de famille, foulards en soie, belles pailles toscanes l'inspirent pour créer ses pièces uniques. De l'audace et de l'élégance à un prix très accessible, du sur-mesure prêt en deux jours si vous ne trouviez pas votre taille.

Piazza de' Pitti, 5
• ☎ 334 85 71 879
• Lun.-sam. 10h-19h.

CERI VINTAGE
Vintage ⑦④ Plan B4/C4

Digne d'une boutique très branchée de Brooklyn, Ceri Vintage vous invite dans un autre univers, celui du textile industriel, militaire et ouvrier des années 1800 aux années 1950. Salopettes élimées, jeans froissés, vestes raccommodées, marcels tachés, vieux godillots en cuir... les adeptes du *shabby-chic*, le style chic-miteux, seront aux anges. Les sceptiques réviseront quant à eux une tranche de l'histoire du costume. À partir de 40 €.

Via dei Serragli, 26 R
• ☎ 335 83 90 356
• Facebook : Ceri Vintage
• Lun. 15h30-19h30, mar-sam. 10h-13h et 15h30-19h30.

DEXTER
Mode homme ⑦⑤ Plan G8

Mettez un peu d'élégance *british*, ajoutez un soupçon de parfum rétro, mixez le tout avec le savoir-faire italien et vous obtiendrez la potion magique du style preppy-cool proposé par Marco. Vestes cintrées à rayures, chemises soignées à partir de 90 € (les modèles en tissu japonais de fabrication italienne sont superbes), chinos colorés et chapeaux de paille, voilà la panoplie idéale pour une partie de campagne élégante comme au XIXe s.

Palmarès DES BOUTIQUES GOURMANDES

Vous avez gardé un souvenir ému d'un plat aromatisé à la truffe blanche ou de *cantuccini* trempés dans le vino santo ? Pour renouveler l'expérience chez soi, il suffit de glaner quelques ingrédients dans les œnothèques et épiceries de Florence.

EATALY

Tout ce dont vous rêvez - *pasta,* charcuterie, fromages... - à des prix bien moins élevés qu'à l'aéroport. Voir p. 105.

PEGNA

Liqueurs, jambon de cochon noir de Sienne, *crema tartufata*. Voir p. 160.

LA BOTTEGA DELL'OLIO

Depuis 1999, le pro de l'huile d'olive sous toutes ses formes. À deux pas du musée Ferragamo. Voir p. 165.

BACCO NUDO

Pour ses vins en vrac en provenance de petits producteurs locaux. Près du marché Sant'Ambrogio. Voir p. 175.

OBSEQUIUM

Ses produits phares ? L'huile d'olive, le vinaigre balsamique et le vin. De Toscane, bien sûr.
Voir p. 180.

Bacco Nudo

Via Maggio, 7 R • ☎ 055 28 75 16
Facebook : Dexter Store - Firenze
• Lun. et dim. 15h30-19h30, mar.-sam. 10h-13h et 15h30-19h30.

LAUDATO
Chaussures ⑯ Plan B3-4

Non loin de la Cappella Brancacci, une petite échoppe où l'on déniche de jolies sandales artisanales en cuir. Pour homme ou femme, spartiates, sandales de moine, tongs, claquettes, il y en a pour tous les petons. Les modèles, classiques ou fantaisie, se déclinent en cuir brut ou teinté de rouge, de bleu, de rose ou de vert. Et la bonne nouvelle, c'est que les prix sont très raisonnables pour du fait main (39-49 €).
Via Santa Monaca, 17 R
• ☎ 055 29 22 29 • Lun.-sam. et 2e dim. du mois 10h15-15h et 16h15-19h30.

Laudato

RIVE GAUCHE
Chaussures ⑰ Plan G8

Pour homme ou pour femme, des chaussures dans tous les styles avec pour seule constante la couleur brute du cuir : sandales hippies, bottines à lacets rétro, mocassins classiques, derbys. Le design est signé Stefano Chiari et tout est fabriqué à la main à Florence, depuis plus de 30 ans.
Via Guicciardini, 31 R • ☎ 055 21 34 74
• www.rivegaucheshoes.com • Lun.-sam. 10h-19h, dim. 11h-18h.

ATELIER GIANNINI & KUWATA
Reliure/livres anciens
⑱ Plan B3

Lapo Giannini représente la sixième génération de la famille de relieurs d'art la plus ancienne de Florence. Avec Michiko Kuwata, qui apporte sa sensibilité japonaise, il restaure les livres anciens et expérimente de nouveaux modèles de couvertures en cuir. À glaner sur les étagères de l'atelier : carnets, crayons, boîtes (à partir de 5 €) et cadres enveloppés de papiers rétro provenant de la plus ancienne imprimerie de Florence.
Borgo San Frediano, 133 R
• ☎ 055 53 21 525 • www.ateliergk.it
• Lun.-sam. 10h30-13h et 16h30-19h.

GIULIO GIANNINI & FIGLIO
Papier marbré ⑲ Plan C4

Il était déjà au début du XXe s. l'atelier de reliure préféré des Anglais, car Giulio Giannini fabriquait de merveilleux albums photo recouverts de parchemin estampé de motifs dorés à la feuille et enrichi d'incrustations de cuir. La belle peau devenue hors de prix après la guerre, il eut l'idée de recouvrir les livres et les albums de papier marbré. Une activité largement copiée de nos jours, mais les Giannini restent de loin les meilleurs.

Piazza de' Pitti, 37 R
• ☎ 055 21 26 21
• www.giuliogiannini.com
• Lun.-sam. 10h-19h (19h30 juil.-sept.), dim. 11h-18h30.

L'IPPOGRIFO
Gravures ⑧⓪ Plan G8

Dans la lignée des grands graveurs de la Renaissance, Gianni Raffaelli, formé aux Beaux-Arts, a ouvert il y a 30 ans sa *bottega* dans le quartier populaire de Santo Spirito. Vous pourrez le voir à l'œuvre, en train d'inciser au burin une plaque de cuivre, ou assister au moment magique de l'impression lorsque l'on découvre l'image réfléchie du dessin gravé sur la matrice. Toutes ses eaux-fortes – paysages, vues de Florence, animaux, fleurs –, parfois rehaussées à l'aquarelle, sont éditées en nombre limité et signées. Des œuvres (30-200 € pour les originaux faits main) que l'on peut faire encadrer sur place.

Via Santo Spirito, 5 R
• ☎ 055 21 32 55
• www.ippogrifostampedarte.com
• Lun.-sam. 10h-13h et 14h-19h ; parfois f. 10-15 j. en août.

Atelier Giannini & Kuwata

CASTORINA
Objets anciens ⑧① Plan C3

Cet atelier, ouvert par Eugenio Castorina en 1942, est l'un des plus fascinants de Florence. Vous y trouverez consoles, cadres, corniches chantournées, angelots, pommes de pin, chapiteaux corinthiens, obélisques peints de faux marbre, en bois tourné et sculpté, parfois doré à la feuille...

Via di Santo Spirito, 15 R
• ☎ 055 21 28 85 • www.castorina.net
• Lun.-ven. 9h-13h et 15h-19h, sam. 9h-13h.

DITTA MARCHIANI AUGUSTO
Objets en bois ⑧② Plan C3

Dans cette échoppe poussiéreuse, on travaille le bois de père en

fils depuis 1880. Concentrez-vous sur les vitrines de l'entrée : une ribambelle de Pinocchio façonnés à la main et déclinés en marionnette, pantin, statuette articulée, yoyo ou chapeau de crayon vous transportent illico dans l'atelier de Gepetto (comptez de 7 à 45 €).
Via di Santo Spirito, 16 R • ☎ 055 28 47 94 • Lun.-sam. 9h-13h et 15h-19h.

FRANCESCHI CORNICI
Cadres et dorures
(83) Plan B3

Si vous rêvez de cadres baroques sculptés de feuilles ou style Renaissance avec de délicats bas-reliefs pour mettre vos tableaux en valeur, entrez dans le petit atelier où cet artisan réalise des merveilles. Du XVe au XIXe s., le choix est vaste et les prix très variables selon la nature du travail et des dorures.
Via San Giovanni, 11 • ☎ 055 22 06 42 http://franceschicornici.com • Lun.-ven. 9h-12h30 et 15h-19h.

SAN JACOPO SHOW
Cadeaux et curiosités
(84) Plan G8

N'hésitez pas à pousser la porte de cette galerie inclassable où les mannequins de vitrine (à partir de 200 €) côtoient du mobilier contemporain, des rouleaux de tissus d'intérieur, mais aussi des peintures d'artistes locaux. La mise en scène, très bien

San Jacopo Show

pensée, fait de ce magasin un véritable cabinet de curiosités.
Borgo San Jacopo, 66 R • ☎ 055 23 96 912 • www.sanjacopo show.com • Lun.-sam. 10h-13h30 et 15h30-19h30.

OBSEQUIUM
Vins
(85) Plan G8

Outre le grand choix de vins que vous pourrez goûter autour d'un plateau de fromages ou de charcuterie (10 € avec un verre), cette œnothèque vend tous les ustensiles indispensables à la dégustation, ainsi que des produits toscans de luxe : huiles extra-vierges, coffrets de vinaigres balsamiques, mignonnettes de *limoncello*, bocaux de sauce, pâtes aux truffes, pots de miel et gâteaux.
Borgo San Jacopo, 17/39 R • ☎ 055 21 68 49 • www.obsequium.it • T.l.j. 11h-21h (jeu.-dim. 11h-minuit en été).

San Miniato et San Niccolò (Quartier 9 - p. 74)

LORENZO VILLORESI
Parfums (86) Plan D4

Des ancêtres voyageurs, une grande connaissance de la philosophie arabe, un père botaniste et une passion pour les fragrances, voilà les ingrédients qui ont fait de Lorenzo Villoresi un maître parfumeur dont la renommée a traversé l'Atlantique. C'est au rez-de-chaussée du palais familial situé sur l'Arno qu'il reçoit sa clientèle. Au terme d'un entretien de 2 à 3 h naît un parfum unique, enfermé dans un flacon de cristal bleu à bouchon d'argent. Également plusieurs lignes de parfums, eaux de toilettes et eaux de Cologne (à partir de 70 €) prêts à l'achat.

Via de' Bardi, 12 • ☎ 055 23 41 187 • www.lorenzovilloresi.it • Lun.-sam. 10h-19h, sur r.-v. de préférence.

STUDIO CLET
Cadeaux et curiosités (87) Plan D4

Les panneaux de signalisation des rues de Florence détournés avec humour et poésie sont l'œuvre de l'artiste français Clet. Dans son atelier de San Niccolò, les fans pourront acquérir une œuvre originale (vendue le double dans les galeries parisiennes) ou se faire plaisir avec des objets dérivés en édition limitée : lithographie (100-300 €) stickers, tee-shirts (29 €), magnets ou cartes postales.

Via dell'Olmo, 8 R • ☎ 340 77 10 105 • T.l.j. 10h30-13h30 et 15h-19h30.

Outlet !

En dehors de Florence, deux magasins d'usines proposent en permanence des vêtements pour homme et femme, des chaussures et des accessoires des prestigieuses marques italiennes, à des prix défiant toute concurrence.

The Mall : via Europa, 8, Leccio (HP par F4) • ☎ 055 86 57 775 • www.themall.it • T.l.j. 10h-19h (20h en été). Pour y aller : un bus spécial (prix : 13 € A/R) part toutes les heures de la gare routière (via Santa Caterina da Siena, 17).

• Le magasin d'usine de Dolce & Gabbana : Santa Maria Maddalena, 49, Pian dell'Isola Incisa in Val D'arno (HP par F5) • ☎ 055 83 31 300 • T.l.j. 10h-20h. Pour y aller : train pour Rignano sull'Arno depuis Santa Maria Novella et taxi (5 min).

Maroquinerie florentine

L'art de travailler le cuir a toujours été considéré comme une activité noble à Florence. Le travail des pelletiers faisait partie des sept arts majeurs, les moines utilisaient les plus belles peaux pour relier les parchemins, les ancêtres de Gucci fabriquaient des selles pour l'aristocratie florentine. Les goûts et les besoins ont évolué au cours des siècles, mais le savoir-faire est intact. C'est toujours à Florence que l'on trouve les plus beaux articles en cuir fabriqués de manière artisanale.

LES SECRETS DU BEAU CUIR

Le tannage est l'étape la plus importante dans le traitement des peaux, car c'est lui qui donne au cuir ses qualités de souplesse et d'imputrescibilité. Le tannage végétal dans des cuves en bois est encore fréquemment utilisé à Florence, car il donne un fini inimitable au cuir, qui vieillit mieux que lorsqu'il est tanné au chrome. D'autre part, il permet une coloration naturelle à la poudre d'aniline. La méthode de tannage au chrome est la plus couramment utilisée ailleurs, car elle permet de masquer les défauts de la peau, qui est vernie lors du finissage.

Articles en cuir Prada

Legatoria

Au XIXe s., nombreux sont les Anglais fortunés qui choisissent de s'établir dans les belles villas des environs de Florence. Grands voyageurs, ils demandent aux relieurs de leur fabriquer de luxueux albums avec des couvertures en peau pour ranger leurs souvenirs, ainsi que des carnets de voyage pour consigner leurs notes et dessins. La maison Pineider fut la première à réaliser des garnitures de bureau en cuir avec des motifs à la feuille d'or. Un bel artisanat qui s'est largement développé ces dernières années, toujours à la demande des étrangers.

SCUOLA DEL CUOIO

Articles Gucci

Au lendemain de la Seconde Guerre mondiale, les franciscains de Santa Croce, désireux de redynamiser un quartier traditionnellement attaché à la peausserie, fondent la Scuola del Cuoio (voir p. 66), une école pour les jeunes gens issus de milieux défavorisés. Forts de leur longue expérience du travail du cuir dans l'atelier de la bibliothèque du couvent, ils leur apprennent le double métier de relieur et de maroquinier. Le renom de l'école est tel qu'elle fournit la Maison-Blanche et la cour d'Angleterre en accessoires de bureau de luxe. Dirigé par la famille Gori, l'atelier produit toujours des pièces de qualité dignes des griffes les plus prestigieuses, mais à un coût nettement moindre.

GUCCI

Guccio Gucci, qui a ouvert son premier magasin de valises et d'articles de voyage de luxe via della Vigna Nuova en 1921, avait entrecroisé ses initiales en guise de marque. C'est son fils Rodolfo qui, après une brève carrière d'acteur dans le cinéma de l'entre-deux-guerres, a donné un nouvel élan à la marque en dessinant des collections de sacs très sophistiqués. Le modèle fétiche est le Bambou, né en 1947 : un sac inspiré par la forme des flancs d'une selle, doté d'une poignée et d'une fermeture en bambou, qui a toujours belle allure. Tout un univers à découvrir au Gucci Museo (actuellement f. pour restauration) niché dans le Palazzo della Mercanzia (voir p. 36).

DU COUSU MAIN

Ne vous fiez pas à l'étiquette « fait main » que l'on appose souvent sur les articles en cuir comme garantie de qualité. Sauf chez quelques rares artisans, il est évident que les articles sont cousus par des machines guidées par des ouvrières spécialisées. Ce qui fait la qualité d'un sac est plus subtil. C'est, d'une part, la découpe des peaux (une ou plusieurs à la fois), l'habileté de la piqueuse qui doit faire des raccords invisibles, la nature des coutures (sac passepoilé, piqûres sellier, etc.) et, d'autre part, l'assemblage des différentes pièces qui doivent être parées (amincies) au niveau des coutures. La qualité du cuir est bien sûr le complément indispensable d'un article de prix.

Terracotta, céramiques...

Florence, et plus largement la Toscane, particulièrement riche en argile, s'impose dès le XVe siècle comme l'un des hauts lieux de fabrication de la majolique italienne. Aujourd'hui, les vitrines florentines témoignent de la variété de la céramique toscane, des copies de majoliques de la Renaissance aux objets utilitaires contemporains en passant par les pièces traditionnelles au goût rustique.

MAJOLIQUES ITALIENNES

Le terme « majolique » apparaît en Italie à la fin du XVe s. pour désigner les faïences à reflets dorés fabriqués en Espagne à Málaga, puis à Valence et importées en Italie par des navires majorquins. Si en Italie le nom de *maiolica* est générique, désignant tout type de céramique revêtu d'émail opacifié, pour les spécialistes, il est réservé à l'ensemble des faïences produites en Italie pendant la Renaissance, quel que soit le type de décor. La technique héritée des Arabes de l'Espagne musulmane se diffuse d'abord à Florence et à Faenza (qui a donné le mot « faïence »), les plus anciens centres de production de majoliques. Au XVIe s., les manufactures de Montelupo et de Cafaggiolo produisent une céramique d'une grande finesse.

FORMES ET DÉCORS

Hormis les pots de pharmacie *(albarello)* au décor gothico-floral (feuilles de chêne, fleurs de lys...) destinés à recevoir onguents et herbes médicinales, la vaisselle produite est d'abord décorative, avant de devenir

Il Cotto dell'Impruneta

Dans les collines de Florence, la petite ville d'Impruneta est célèbre depuis le XIVe s. pour ses terres cuites. Son argile aux tons chauds et dorés est particulièrement solide et résistante au gel grâce aux éléments ferreux qui la composent. C'est pourquoi on la retrouve dans toutes les constructions, palais et décors de Florence. La coupole de Santa Maria del Fiore, le pavement de la bibliothèque Laurentienne et de l'église Santo Spirito, la basilique Saint-Laurent, la chapelle Médicis, le Palazzo Vecchio sont construits avec des briques, des dalles ou des tuiles sorties des fours d'Impruneta. Sans oublier les pots et les vases qui ornent tous les jardins.

utilitaire au XVIe s. : vases, plats, aiguières, salières, coupes… Les fabriques reçoivent commande de services aux armoiries des grandes familles, dont les Médicis, et des princes de toute l'Europe. On offre des majoliques pour les naissances ou les mariages. Ornemental ou figuratif, le décor évolue et se diversifie : motifs géométriques, bustes, portraits, décors historiés (*a istoriato*) copiés à partir de gravures illustrant les textes littéraires à la mode, imitation du « bleu et blanc » chinois (*alla porcellana*), trophées (*a trofei*), grotesques. Vous découvrirez un bel échantillon de majoliques italiennes au musée du Bargello (voir p. 30).

Majoliques, Ditta Luca Della Robbia

DELLA ROBBIA, MAÎTRE DE LA TERRE CUITE VERNISSÉE

Avec le sculpteur florentin **Luca Della Robbia** (1400-1482), inventeur selon Vasari de la terre cuite vernissée, la faïence s'invite dans l'architecture. Adaptant les techniques des céramistes à la sculpture monumentale, il fut en effet le premier à recouvrir ses œuvres en terre cuite d'un émail opaque et coloré afin de leur donner éclat et résistance. De ses médaillons (*tondi*) et panneaux surgissent en relief de délicates madones blanches sur fond bleu, sujets bibliques et portraits de l'élite locale. On en trouve de beaux exemples au Duomo (voir p. 23), dans la chapelle des Pazzi (Santa Croce, voir p. 64), à San Miniato al Monte (voir p. 75) et au Museo del Bargello (voir p. 30). L'atelier repris par son neveu Andrea et les fils de celui-ci produisit des pièces uniques jusqu'à la fin du XVIe s. Pour en acheter des reproductions, direction la boutique Ditta Luca Della Robbia (voir p. 158).

LA PORCELAINE DES MÉDICIS

Les premières porcelaines chinoises arrivent en Europe via l'Italie au XVe s. C'est à Florence, sous le règne du grand-duc François Ier (1574-1587), que des céramistes sont parvenus à réaliser les premières pièces en porcelaine tendre. Cette protoporcelaine hybride, faite à partir d'une fritte (verre) contenant un peu de kaolin (argile blanche), est décorée de motifs bleus d'inspiration orientale et européenne. Les secrets de fabrication étant jalousement gardés, il faut attendre 1735 pour que la porcelaine renaisse en Italie dans la manufacture Ginori à Doccia, laquelle n'a jamais interrompu son activité depuis.

Design et artisanat

Dans les années 1950, les Italiens font une entrée remarquée dans le monde du design contemporain avec des matériaux révolutionnaires et des formes originales. Plus d'un demi-siècle après, ils sont toujours à l'avant-garde de la création alors que de nouvelles tendances émergent à Florence. La mode du vintage permet notamment de valoriser et de remettre au goût du jour le savoir-faire des artisans.

MATÉRIAUX FUTURISTES

Les designers italiens furent les premiers à introduire de nouveaux matériaux dans notre quotidien. En 1951, la mousse de polyuréthane fait son apparition à la Triennale de Milan, offrant un monde nouveau de possibilités quant à la ligne, aux structures et aux modes de fabrication industrielle. Le canapé se fait ainsi lèvres pulpeuses ou chapiteau ionique, le portemanteau devient cactus géant. Après le PVC ou la fibre de verre, les Italiens utilisent le titane et la fibre de carbone, des matériaux à la fois solides et légers.

ÉCOLE DE FLORENCE

Au milieu des années 1960, les groupes **Superstudio** et **Archizoom,** issus de l'Académie d'architecture de Florence, s'insurgent contre le fait que les designers deviennent les exécutants de l'industrie. De leurs projets utopiques, fondés sur le quadrillage de l'espace, émergent quelques idées qui seront exploitées par Andrea Branzi, Massimo Morozzi et Paolo Deganello dans les années 1970 et 1980. Ainsi, la célèbre **table Tangram** dessinée par Morozzi en 1983, composante de modules du jeu

Laboratorio Casa Abitata

Trois artistes designers se sont réunis pour créer des éditions limitées d'objets d'art et de design. Des tabourets faits de bois de récupération, de vieilles tables patinées et modernisées, de la porcelaine remise au goût du jour, des bijoux avant-gardistes... leur laboratoire de curiosités vous transporte de découverte en redécouverte.

Via del Trebbio, 14 R (plan G6) • ☎ 339 76 68 958 • Facebook : Casa Abitata • Sur r.-v. uniquement, contacter Fulvia Carmagnini (francophone).

chinois du même nom, ou le **fauteuil Aeo** (Deganello, 1973) entièrement démontable, les armatures du dossier et du siège se logeant dans le pied en plastique.

Le mobilier ancien réinventé par Luca Rafanelli

MARZIO CECCHI

On peut voir à Florence quelques aménagements (hôtel Cavour, magasins Beltrami et Casadei) dus au brillant architecte et décorateur d'intérieur Marzio Cecchi, prématurément disparu en 1979. Formé à l'école d'architecture de Florence, il se révèle être l'un des designers les plus inventifs de son temps. Créateur du mobilier bleu du golf Saint-Julien, à Deauville, il réalise des modèles à la fois personnels et intemporels où le tissu tient une place prépondérante.

TENDANCE VINTAGE

Dans les années 1990, une nouvelle tendance émerge dans le monde de la mode pour très vite s'étendre au design et au mobilier. Le vintage, un terme qui, à l'origine, désigne les vins millésimés en œnologie, impose le retour des vêtements anciens. Ainsi les grands créateurs s'empressent de rééditer des modèles phares des années rétro. La notion de vintage fait également référence à une certaine authenticité, liée aux techniques de couture, à la marque ou à la qualité du tissu. Pour le design, le vintage consiste à dénicher du mobilier ou des objets de décoration d'intérieur datant du XXe s.

L'ARTISANAT REVISITÉ

De plus en plus d'artisans florentins redonnent souffle à leur activité déclinante en restaurant et en transformant le mobilier vintage. **Luca Rafanelli** travaille dans son atelier de la rue Serragli depuis 40 ans. Menuisier de formation, il est celui qui donne une deuxième vie aux objets oubliés de notre quotidien. Il récupère de vieilles planches dans les écoles désertées, des meubles industriels dans les usines fermées, les restaure et les réinvente. Le savoir-faire de l'artisan a de nouveau l'occasion de s'exprimer et d'apporter une touche de modernisme à ces objets délaissés. Ses créations sont splendides, exposées comme de véritables œuvres d'art dans son atelier-galerie (via de Serragli, 16 R, plan BC3, ☎ 338 26 41 020, lun.-sam. 9h-19h30).

Carnet

PRATIQUE

Retrouvez toutes nos adresses localisées sur les cartes et plans grâce à un numéro coloré.

56	35	28
Restos	Bars	Boutiques

Le numéro renvoie à sa notice détaillée dans le chapitre concerné.

QUAND PARTIR ?

Les mois les plus agréables sont mai, juin et septembre, mais c'est à cette période que l'afflux touristique est le plus important. Si vous le pouvez, évitez les périodes de vacances scolaires, surtout à Pâques. En août, la ville est désertée par ses habitants. Si c'est la culture qui vous intéresse, ce sera la bonne période pour venir en week-end, les hôtels faisant des promotions importantes ; en revanche, n'espérez pas vous livrer à un shopping effréné ou visiter les ateliers d'artisans : la plupart des commerces sont fermés en août. L'automne est la saison la plus humide, les averses sont fréquentes au printemps, l'hiver est rigoureux (de 0 à -10 °C) et les températures peuvent être caniculaires en été (de 28 à 35 °C). Prévoyez de bonnes chaussures, car Florence se parcourt à pied, et une crème antimoustiques dès le mois de mai.

POUR Y ALLER

EN AVION

Vols réguliers

Air France et Alitalia assurent plusieurs vols par jour pour Florence, d'une durée de 1h50, au départ de Paris-Charles-de-Gaulle. Vous bénéficierez des meilleurs tarifs en réservant à l'avance ou en pistant les promotions sur le site Internet des compagnies.

Air France

☎ 36 54 • www.airfrance.fr

Se renseigner avant de partir

Office national italien de tourisme

Agenzia Nazionale del Turismo, 23, rue de la Paix, 75002 Paris • ☎ 01 42 66 66 68 • www.enit.it • Lun.-ven. 9h-17h.

Institut culturel italien

73, rue de Grenelle, 75007 Paris • ☎ 01 44 39 49 39 • www.iicparigi.esteri.it • Lun.-ven. 10h-13h et 15h-18h.

Centre culturel italien

4, rue des Prêtres-Saint-Séverin, 75005 Paris • ☎ 01 46 34 27 00 • www.centreculturelitalien.com • Lun.-mar. 10h30-13h30 et 14h30-19h, mer.-ven. 10h30-13h30 et 14h30-17h30, sam. 10h30-13h30.

Alitalia
☎ 0820 315 315 • www.alitalia.com

Vols low cost

Les compagnies low cost affichent des tarifs alléchants. Attention, leurs prix ne comprennent pas toujours les frais d'enregistrement, de paiement par carte bancaire, ni le bagage en soute. Ces compagnies desservent Florence ou Pise (à 1 h 30 de Florence en train ou en voiture) depuis Paris-Orly ou Beauvais.

Vueling
Florence au départ de Paris-Orly.
☎ 0899 232 400
• www.vueling.com

EasyJet
Pise au départ de Paris-Orly.
www.easyjet.com

Ryanair
Pise au départ de Paris-Beauvais.
www.ryanair.com

EN TRAIN

Le Thello relie chaque nuit la gare de Santa Maria Novella de Florence au départ de Paris-gare de Lyon (19h14) ou Dijon (21h57), arrivée à 7h59. Voyage en cabine-lit ou en cabine de deux à six couchettes.
www.thello.com

FORMALITÉS

PASSEPORT ET CARTE D'IDENTITÉ

Si vous êtes **ressortissant de l'UE,** vous devez être en possession d'une carte nationale d'identité en cours de validité ou d'un passeport (celui-ci peut être périmé de 5 ans au plus). Dans les autres cas, il faudra vous adresser avant votre départ au consulat, qui pourra vous délivrer un visa de tourisme.
Les **enfants mineurs** doivent posséder leur propre carte d'identité ou passeport. S'ils ne sont pas accompagnés de leurs parents, une autorisation de sortie du territoire est nécessaire (formulaire à télécharger sur www.service-public.fr/particuliers/vosdroits/F1359).

Consulat général d'Italie à Paris :
5, bd Émile-Augier, 75016 Paris
• ☎ 01 44 30 47 00
• www.ambparigi.esteri.it

DOUANE

Pour des achats réservés à un usage personnel, les citoyens de l'Union européenne n'ont pas à remplir de déclaration ni à payer de droits et taxes au départ ou au retour en France (la TVA est payée dans le pays où vous faites vos achats).

Centre de renseignement des douanes
☎ 0811 20 44 44
• www.douane.gouv.fr

ASSURANCES

Certaines cartes de crédit internationales offrent une assurance bagage et rapatriement si vous l'utilisez pour payer votre billet d'avion. Par ailleurs, toutes les

agences de voyages proposent ces mêmes assurances, comprises dans les forfaits la plupart du temps. Il existe aussi les organismes spécialisés suivants :
Europ Assistance
☎ **01 43 85 93 65.**
Mondial Assistance
☎ **01 42 99 82 81.**

SANTÉ

Avant de partir, procurez-vous la **Carte européenne d'assurance-maladie** (CEAM) auprès de votre caisse d'assurance-maladie (toutes les infos sur www.ameli.fr). Nominative et valable un an, elle vous dispense de l'avance de frais médicaux à condition de consulter un médecin du service public de santé (carte non valable auprès des médecins et hôpitaux privés).
Urgences médicales
☎ **118.**

DORMIR À FLORENCE

QUEL QUARTIER ?

Pour être au cœur de l'animation, posez vos valises dans les ruelles du **Duomo** ou de **Santa Maria Novella.** Si vous recherchez le calme non loin du centre, optez pour **San Marco**, **Santa Croce** ou l'**Oltrarno.** Les petits hôtels bon marché pullulent dans **San Lorenzo,** non loin de la gare, tandis que les hôtels de luxe se succèdent sur l'Arno.

QUEL HÉBERGEMENT ?

À Florence, vous aurez le choix entre les **hôtels** de 1 à 5 étoiles et les **hôtels de luxe**, les **pensions** de famille bon marché (*pensioni* ou *locande*), les **chambres d'hôtes** ou **B & B** (*affittacamere*) allant de l'établissement simple à la résidence de charme, et les **institutions religieuses** (voir p. 203). Les B&B offrent un meilleur rapport qualité/prix que les hôtels de catégorie moyenne, souvent vieillots et chers. Si vous séjournez à plusieurs, ou plus de quelques jours, envisagez la location d'appartement, plus avantageuse que l'hôtel. Consultez :
www.airbnb.com • www.tuscany accommodations.org
• www.homelidays.com
• www.agriturismo.it

RÉSERVATION

Il vaut mieux réserver pour un séjour en haute saison et pendant certaines fêtes. Vous pouvez réserver par Internet ou par téléphone (demandez confirmation). Précisez *camera matrimoniale* si vous souhaitez un lit double ou *camera doppia* pour deux lits simples.
Le site de l'**office de tourisme** propose une liste d'hébergements :
www.firenzeturismo.it
Pour une chambre d'hôte, consultez : **www.bbitalia.it**
• www.bed-and-breakfast.it
Pour un hôtel familial :
www.italyfamilyhotels.it

TARIFS

Les tarifs les plus hauts sont appliqués en haute saison, et les plus bas en hiver hors période de Noël. Cela va du simple au double ! On observe une baisse des prix en juillet et août quand la ville se vide. Le petit déjeuner est en principe inclus, mais souvent décevant. Mieux vaut le prendre à l'extérieur. La taxe de séjour de 1 à 5 € par nuit varie selon la catégorie de l'hôtel (4 étoiles = 4,50 €). Pour bénéficier des meilleurs tarifs, allez en priorité sur le site de l'hôtel choisi, puis consultez les sites de comparatif de prix :

www.hotels.com • www.trivago.fr • www.booking.com

Retrouvez notre sélection d'adresses, p. 200.

DE L'AÉROPORT AU CENTRE-VILLE

DE L'AÉROPORT DE FLORENCE

Le petit aéroport Amerigo Vespucci (www.aeroporto.firenze.it) se trouve à 6 km au nord-ouest de Florence.

En bus

À la sortie de l'aéroport à droite, la navette **Vola in Bus** (Busitalia) vous dépose en 30 min devant la gare centrale de Santa Maria Novella. Départ de la navette toutes les 30 min (5h-20h30), puis toutes les heures (20h30-0h30). Dans le sens inverse : départ toutes les 30 min (5h30-20h), puis à 21h, 22h, 23h et 0h10. Le billet s'achète dans le bus : 7 € l'aller, 13 € l'aller-retour.

www.fsbusitalia.it

En taxi

Le taxi vous déposera à la porte de votre hôtel pour un tarif fixe de 22 € (24 € j.f., 25,30 € la nuit ; plus 1 €/bagage).

www.4242.it • www.4390.it

En voiture de location

Louer une voiture n'est vraiment pas conseillé pour un week-end à Florence (voir p. 194). Réservez-la pour vos escapades dans la campagne toscane. Si vous n'avez pas réservé depuis la France, vous trouverez plusieurs bureaux de location dans le hall des arrivées de l'aéroport et aux abords de la gare Santa Maria Novella.

DE L'AÉROPORT DE PISE

L'aéroport Galileo Galilei de Pise (www.pisa-airport.com) se situe à 80 km de Florence.

En bus

La navette **Airport Bus Express** rallie l'aéroport à la gare Santa Maria Novella en 1 h 10 pour 12 € l'aller (24 € A/R, 15 liaisons/j. de 8h45 à 0h20).

www.airportbusexpress.it

En train

La navette ferroviaire baptisée **People Mover** relie en 8 min l'aéroport de Pise à la gare centrale

Numérotation des rues

À Florence, il existe deux numérotations. Les numéros en rouge (indiqués par un R après le numéro) correspondent aux locaux commerciaux. Les numéros bleus ou noirs correspondent aux habitations et hôtels. Les lettres A, B ou C sont nos bis ou ter.

(t.l.j. 6h-minuit, départ ttes les 5-8 min ; billet : 2,70 € l'aller), où vous pourrez embarquer pour Florence (6 trains/j. ; trajet : 1 h ; billet : 8,40 €), arrivée à la gare Santa Maria Novella.
www.trenitalia.com

SE DÉPLACER DANS FLORENCE

À PIED

Le meilleur moyen de locomotion à Florence, ce sont vos pieds ! Les monuments et musées les plus importants étant concentrés sur 1 km², les plus longs trajets ne dépassent pas 20 min. Le centre historique du Duomo au Ponte Vecchio est piéton.

EN BUS

Les **bus** de la compagnie ATAF et les ***bussini***, minibus électriques, sillonnent Florence et sa périphérie. La majorité des terminus se situe devant la gare de Santa Maria Novella. Les bus circulent de 6h à minuit. Les lignes du centre historique, les *bussini*, circulent de 7h à 21h : le **C1** (Parterre/Ponte alle Grazie) passe par piazza San Marco, San Lorenzo et Santa Croce ; le **C2** (Leopolda/Beccaria) par via Santa Maria Novella, Duomo, piazza della Repubblica et Santa Croce ; le **C3** (Leopolda/Beccaria) par les rives de l'Arno, Santo Spirito et Santa Croce ; le **D** (Stazione Galleria/ Ferrucci) dessert l'Oltrarno (Santa Trinita, Palazzo Pitti, San Niccolò) depuis Santa Maria Novella.

TITRES DE TRANSPORT

Selon vos besoins, vous pourrez acheter un **billet** simple valable 90 min (correspondances possibles) à 1,20 € (2 € à bord, prévoir l'appoint), un ***biglietto multiplo*** (4 trajets pour 4,70 €) ou des ***biglietti giornalieri***, des tickets permettant de voyager pendant 24h (5 €), 3 jours (12 €) ou 7 jours (18 €). Les billets s'achètent dans les tabacs, chez les marchands de journaux, aux distributeurs automatiques et aux guichets de l'ATAF. Vous voyagerez gratuitement et en illimité avec la Firenze Card+ (voir p. 199).

ATAF
Bureau d'information, plan du réseau et point de vente.
Gare Santa Maria Novella (guichets 8 et 9), via Alamanni, 20 R, plan B/C2 • ☎ 800 42 45 00 ou ☎ 199 104 245 (depuis un portable) • www.ataf.net • Lun.-sam. 6h45-20h.

EN TRAMWAY

Reliant la ville de Scandicci à la gare de Santa Maria Novella, le tramway vous sera utile pour vous rendre à l'ancienne gare Leopolda ou au Parco delle Cascine.

EN VOITURE

Le centre-ville de Florence est une zone à trafic limité (ZTL). Seuls les résidents ont l'autorisation d'y circuler. Pour se rendre à leur hôtel, les clients doivent lui déclarer au préalable leur plaque d'immatriculation. Un système de vidéo-surveillance traque tout contrevenant, qui s'expose à une amende de 150 €. Ajoutez à cela les difficultés de stationnement, le sens de la circulation pas toujours évident, les parkings hors de prix et les vols : la voiture est à éviter ! Pour les inconditionnels, il vaut mieux se garer dans un garage public.
Parkings : **www.firenzeparcheggi.it**
Fourrière : **☎ 055 42 24 142.**

EN TAXI

Ne prenez que les taxis officiels blancs avec une enseigne « Taxi » sur le toit. Ils sont tous identifiés par un nom de ville italienne et un chiffre qui vous sera donné si vous le réservez par téléphone.
La prise en charge est de 3,30 € en journée (6,60 € après 22h et 5,30 € les dim. et j.f.). Pour une course en ville, comptez de 5,50 € à 10 € en moyenne. Un supplément de 1 € est ajouté par bagage et 1 € pour l'appel. La principale station de taxi (7h-1h) se trouve à la gare Santa Maria Novella.
Radio-taxi :
☎ 055 42 42 • www.4242.it
☎ 055 43 90 • www.4390.it

À DEUX-ROUES

Attention, Florence n'est pas Rome et les amendes pleuvent sur ceux qui sont pris à rouler sans casque ! Les pistes cyclables sont rares, mais le vélo reste un moyen agréable pour explorer le centre historique. Hors de cette zone, soyez vigilant, les automobilistes italiens pourront vous donner quelques frayeurs...

Mille e una Bici

Stations de location de vélos à Santa Maria Novella (piazza Ghiberti, plan C2) et piazza di Santa Croce (plan D3) • ☎ 055 65 05 295 ou ☎ 346 88 37 821 • www.bicifirenze.it • Lun.-sam. 9h-19h (10h-17h nov.-fév.) • 2 €/h, 5 €/5h ou 10 €/j.

Florence by Bike

Via San Zanobi, 54 R (plan D1-2) • ☎ 055 48 89 92 • www.florencebybike.it • Avr.-oct. : lun.-sam. 9h-19h30, dim. 9h-18h ; nov.-mars : lun.-sam. 9h-13h et 15h30-19h30 • 3 €/h, 12 €/j. ou 56 €/sem.

Alinari

Via San Zanobi 40 R (plan D1-2) • ☎ 055 28 05 00 • www.alinarirental.com • Lun.-sam. 9h-13h30 et 14h30-19h30

Florence gratuit

Les musées sont gratuits pour les citoyens de l'UE de moins de 18 ans et de plus de 65 ans, les personnes handicapées et leurs accompagnateurs. Les musées d'État (*musei statali*) sont gratuits pour tous le 1er dimanche de chaque mois et le dernier week-end de septembre lors des Journées européennes du patrimoine. Les musées municipaux (*musei comunali*) sont gratuits le 18 février, jour de la mort d'Anna Maria Luisa de' Medici, dernier membre des Médicis.

Quelques idées qui ne vous coûteront pas 1 € : les églises florentines sont autant de petits musées renfermant de nombreux trésors. On pourra aussi admirer les fresques de certains cloîtres et réfectoires. Enfin, l'accès est libre dans les galeries d'art et les villas-jardins des Médicis situées dans les environs de Florence.

Tous les jours, on peut assister à des concerts gratuits dans les églises, bars et clubs de la ville : demandez la liste à l'office de tourisme de la via Cavour (voir p. 196). De nombreux concerts et spectacles ont lieu en plein air pendant l'Estate Fiorentina (voir p. 16).

(18h le dim.) • Location vélo : 2,50 €/h, 12 €/j. ou 50 €/sem. ; location de scooter : 15 €/h, 55 €/j. (casque inclus).

SE DÉPLACER DANS LES ENVIRONS DE FLORENCE

FIESOLE

Fiesole est située à 9 km au nord de Florence et accessible en 30 min par le **bus 7** de la piazza San Marco.

LES VILLAS DES MÉDICIS

Villa di Poggio a Caiano
Train Florence-Prato au départ de la gare Santa Maria Novella (A/R : 5,20 €) puis bus LAM-MT Prato-Poggio a Caiano (A/R : 3,40 €).

Villa Reale di Castello et Villa La Petraia
Bus ATAF n° 2 ou n° 28 au départ de la Stazione Piazzale Montelungo (située tout au bout du quai n° 16 de la gare Santa Maria Novella), arrêt Sestese-03.

Villa Demidoff
Bus ATAF n° 25/a au départ de la via Giorgio La Pira (flanc E du couvent San Marco) jusqu'au terminus, puis emprunter le sentier qui descend derrière l'arrêt de bus.

Villa Gamberaia
Bus ATAF n° 10 au départ de la via Giorgio La Pira (flanc E du couvent San Marco) jusqu'au terminus, puis 10 min de marche.

OFFICES DE TOURISME

Vous y trouverez les horaires et tarifs actualisés des musées, monuments et églises, des renseignements sur les événements culturels et les visites guidées, mais aussi un plan gratuit de la ville et le plan du réseau de bus. Via Cavour, le **bureau de protection des droits du touriste** recueille les plaintes en cas d'escroquerie ou litige avec un hôtel.

Ufficio informazioni turistiche Provincia di Firenze :
Via Cavour, 1 R (plan D2) • ☎ 055 29 08 32/33 • www.firenzeturismo.it • Lun.-ven. 9h-13h.

Infopoints :
Piazza Stazione, 4 (plan C2) • ☎ 055 21 22 45 • Lun.-sam. 9h-19h, dim. et j.f. 9h-14h.
Piazza San Giovanni, 1 (plan H6) • ☎ 055 28 84 96 • Lun.-sam. 9h-19h, dim. et j.f. 9h-14h.
Aeroporto Amerigo Vespucci : ☎ 055 31 58 74 • T.l.j. 9h-19h.

VISITES GUIDÉES ET EXCURSIONS

À PIED

Laurence Aventin

Découvrir la ville avec une conférencière française, docteur en histoire de l'art et à Florence depuis 20 ans. Visites classiques ou thématiques plus insolites.
☎ 328 91 24 021 • www.visiteflorence.com • 35 € (musées non inclus ; 2 h) ; groupe de 10-12 pers. au maximum.

Città Nascosta

Le but est de faire connaître les endroits secrets de la ville. Visite à la carte en français sur demande.
Via Lungarno B. Cellini, 25 R (plan F4) • ☎ 055 68 02 590 • www.cittanascosta.it • 10-20 € (plus adhésion 20 €).

Art Viva

Balades en anglais dans le centre historique et les principaux musées, parcours thématiques, tours privés et excursions en Toscane.
Via Sassetti, 1 R, 2e ét. (plan H7) • ☎ 055 26 45 033 • www.italy.artviva.com • À partir de 25 € (groupe de 18 pers. maximum).

EN *BARCHETTO*

Florencetown

Via de' Lamberti, 1 R (plan H7), 1er ét. • ☎ 055 28 11 03 • www.florenceboattour.com • Mai-sept. : t.l.j. départ à 8h et 18h30 • Billet : 35 €.
Mini-croisière de 1 h 30 sur l'Arno à bord d'un *barchetto* traditionnel, la « gondole florentine », avec *aperitivo* offert. Commentaires en anglais.

À SEGWAY

Italy Segway Tours

Parcourez Florence sans fatigue à Segway, plateforme électrique à deux-roues. Visites guidées de 3 h en groupes (2-6 pers.) à 9h30, 14h30 et 20h d'avril à octobre (9h30 le reste de l'année). Location seule : 18 €/h, 30 €/2h et 45 €/3h.
Via dei Cimatori, 9 R (plan I7)

Bon à savoir

Courrier

Les timbres (*francobolli*) et les enveloppes s'achètent à l'unité dans les tabacs et les bureaux de poste. Si vous désirez un acheminement un peu plus rapide (cinq jours au lieu de 10), postez de préférence votre courrier dans les boîtes aux lettres bleues.

Poste centrale : via Pellicceria, 3 R (plan H7) • ☎ 055 27 36 481 • Lun.-ven. 8h30-19h, sam. 8h15-12h30.

Heure locale

L'Italie adopte les mêmes horaires d'été et d'hiver que la France.

Numéros utiles

Urgences médicales : ☎ 118 • Pharmacie 24h/24 à la gare de Santa Maria Novella : ☎ 055 21 67 61 • Vols, papiers volés : ☎ 112 • Objets trouvés : ☎ 055 33 48 02 • Bagages perdus dans l'avion : ☎ 055 30 61 302 • Bagages perdus dans le train : ☎ 055 23 56 120 • Protection des droits des touristes : ☎ 055 29 08 32.

Téléphoner

Pour **téléphoner à Florence depuis la France** : ☎ 00 39 + 055 + numéro de votre correspondant. Pour téléphoner en France depuis Florence : 00 33 + numéro de votre correspondant sans le 0.

Les **frais d'itinérance** (*roaming*) ne sont plus facturés par votre opérateur lors de vos voyages au sein de l'Union européenne. Communications (appels, SMS, MMS) et connexion Internet en Italie sont incluses dans votre forfait (des surcoûts peuvent toutefois s'appliquer et cette réglementation n'est valable qu'en dehors de votre pays de résidence). **Renseignez-vous auprès de votre opérateur.**

Infos : www.europa.eu/youreurope/citizens, rubrique « Télécommunications et Internet ».

Vols et contrefaçons

Soyez vigilant, voleurs à la tire et pickpockets opèrent dans les bus, autour des sites touristiques et de la gare de Santa Maria Novella. Par ailleurs, sachez que la police mène une guerre sans merci à la contrefaçon. Si vous êtes pris en flagrant délit d'achat d'un bien contrefait, vous risquez une forte amende et la confiscation du bien.

Voltage

Comme en France, le courant est de 220 volts, mais prévoyez un adaptateur, car l'écartement des prises est différent.

- ☎ 055 23 98 855
- www.italysegwaytours.com
- Lun.-sam. 9h30-13h et 14h-18h
- À partir de 65 €.

À VÉLO

Italy Cruiser Bike Tours

Balade de 3h dans Florence proposée du lundi au samedi à 10h toute l'année, à 10h et 18h30 d'avril à septembre.

Via dei Cimatori, 9 R (plan I7)
- ☎ 055 23 98 855
- www.italycruiserbiketours.com
- Lun.-sam. 9h30-13h et 14h-18h
- 19 € avec audioguide en anglais, 35 € avec guide (10 pers. maximum).

Florence by Bike

Visites guidées de la ville de 2 h en anglais (t.l.j. à 9h d'avr. à oct., 29 €) et excursions d'une journée à vélo dans le Chianti avec un guide local (79 €).

Voir p. 195.

À VESPA

Florencetown

Une journée d'excursion en scooter (env. 6h) au goût de dolce vita entre les champs de vigne et d'oliviers du Chianti, avec arrêt dégustation. En anglais. Entre mars et oct.

Voir coordonnées p. 196 • Départ t.l.j. à 9h30 (et à 14h30 avr.-sept.)
- À partir de 100 €.

EXCURSIONS

Les agences suivantes proposent un grand choix d'excursions en car dans les environs de Florence (19-200 €/pers.).

CAF Tours & Travel

Via degli Alfani, 151 R (plan D2)
- ☎ 055 28 32 00 • www.caftours.com

Florence and Tuscany Tours

Via della Condotta, 12 R (plan I7), 3e ét.
- ☎ 055 21 03 01 • www.florenceandtuscanytours.com

MUSÉES ET MONUMENTS

HORAIRES

Procurez-vous, à l'office de tourisme, la liste actualisée des horaires de musées et sites touristiques, car ils changent fréquemment. Notez qu'il n'est pas rare qu'un musée soit fermé pour restauration. La plupart des musées d'État sont fermés le lundi. Les musées sont ouverts de 8h30-9h à 18h30 environ ; attention, certains ferment à 14h. Les prix d'entrée sont majorés lors des expositions temporaires.

RÉSERVATIONS

Pour éviter les très longues files d'attente devant certains grands musées, réservez vos billets pour une date et une heure précises, même si vous détenez la Firenze Card. Attention aux nombreux sites non officiels pratiquant des marges exagérées ! Sur place, vous pourrez réserver aux billetteries des musées ou au point de vente de l'église

Jours fériés

Jour de l'An • **6 janvier** (Épiphanie) • **Lundi de Pâques** • **25 avril** (fête nationale) • **1er mai** • **2 juin** (anniversaire de la République) • **24 juin** (fête de saint Jean-Baptiste) • **15 août** (Assomption) • **1er novembre** (Toussaint) • **8 décembre** (Immaculée Conception) • **24, 25 et 26 décembre** (Noël).

Orsanmichele (via de' Calzaiuoli, t.l.j. 9h-16h30), plus rapide.

Réservation pour les musées d'État :
☎ 055 29 48 83
• www.b-ticket.com/b-ticket/uffizi
• Frais de résa : 3-4 €.

VISITER MALIN

Firenze Card

Liste des points de vente ou achat en ligne sur www.firenzecard.it
Ce **pass** (72 €, valable 72h), qui évite la queue aux billetteries, comprend l'accès à plus de 70 musées, églises, villas et jardins de la ville, dont tous les musées d'État et le Palazzo Vecchio. Ajoutez-y la Firenze Card+ (5 € en plus de la Firenze Card) pour bénéficier des transports publics gratuits.

Billets combinés

Plusieurs musées et monuments proposent des billets combinés : Coupole et crypte du Duomo, Campanile, Battistero et Museo del Duomo ; Palazzo Vecchio (musée, parcours archéologique, chemin de ronde) ; Basilica San Lorenzo et Biblioteca Medicea Laurenziana ; Cappella Brancacci et Cenacolo di Santo Spirito ; Giardino di Boboli et Giardino Bardini.

ET LE BUDGET ?

Une fois l'hôtel et le transport payés, il vous faudra compter, pour deux jours, un budget d'environ 200-250 € à dépenser sur place en restaurants, sorties, musées, spectacles...

COMMENT PAYER ?

L'Italie faisant partie de la zone euro, vous pouvez y effectuer vos retraits et paiements par carte (Visa, MasterCard, etc.) comme en France. Tous vos paiements par carte sont gratuits et vos retraits soumis aux mêmes conditions qu'en France. L'utilisation de la carte bancaire n'est pas aussi courante qu'en France, pensez à avoir toujours sur vous des espèces. Vous trouverez de nombreux distributeurs. Perte ou vol de votre carte de crédit : notez les 16 chiffres de votre carte bancaire, demandés en cas d'opposition. En cas de perte ou de vol, appelez le **centre d'opposition multicartes :** ☎ 00 33 892 705 705.

Nos hôtels PAR QUARTIER

Du Duomo au Museo del Bargello (Quartier 1 - p. 22)

ALBERGO FIRENZE

Près du Duomo, un hôtel aux chambres simples équipées de belles salles de bains.

Piazza dei Donati, 4 (plan I6)
- ☎ 055 26 83 01
- www.hotelfirenze-fi.it
- 60-200 €.

HÔTEL MAXIM

Tout près du Duomo, un hôtel aux chambres confortables et très propres tenu par un couple franco-italien.

Via dei Calzaiuoli, 11 (plan H6)
- ☎ 055 21 74 74
- www.hotelmaximfirenze.it • 72-149 €.

De piazza della Signoria au Ponte Vecchio (Quartier 2 - p. 34)

RELAIS UFFIZI

Un petit hôtel confortable caché derrière la Loggia dei Lanzi. Tranquillité absolue garantie !

Chiasso del Buco, 16 (plan H7)
- ☎ 055 26 76 239
- www.relaisuffizi.it
- 80-200 €.

HÔTEL DEGLI ORAFI

Le célèbre film de James Ivory *Chambre avec vue* a été tourné dans cet ancien couvent du XIIIe s. Chambres avec vue sur l'Arno.

Lungarno Archibusieri, 4 (plan H8)
- ☎ 055 26 622 • www.hoteldegliorafi.it
- 150-720 €.

Autour de la via de' Tornabuoni (Quartier 3 - p. 42)

HOTEL TORRE GUELFA

Ce palais médiéval devenu hôtel cultive un charme tout florentin. Du sommet de sa tour du XIIe s., la vue est imprenable.

Borgo SS. Apostoli, 8 (plan H7-8)
- ☎ 055 23 96 338
- www.hoteltorreguelfa.com
- 100-280 €.

BRETAGNA

Au bord de l'Arno, au 2e étage du palais Gianfigliazzi, cet hôtel de charme très calme compte 18 chambres, dont une (n° 34) avec vue sur l'Arno.

Lungarno Corsini, 6 (plan G7)
- ☎ 055 28 96 18
- www.hotelbretagna.net • 100-150 €.

Autour de Santa Maria Novella (Quartier 4 - p. 46)

HÔTEL ABACO

Des chambres dans le style Renaissance très confortables pour le prix.

Via dei Banchi, 1 (plan G6) • ☎ 055 23 81 919 • www.hotelabaco.it • 40-160 €.

CASA DEL LAGO

Ce petit hôtel occupe le 4e étage d'un palais du XIXe s. La plupart des chambres, toutes spacieuses et climatisées, ont vue sur le fleuve.

Lungarno Vespucci, 58 (plan B3) • ☎ 055 21 61 41 • www.hotelcasadellago.com • 70-145 €.

HOTEL ROSSO 23

Dans cette belle demeure florentine décorée de fresques, des chambres tout confort, un patio pour le petit déjeuner et d'agréables salons où se reposer.

Piazza di Santa Maria Novella, 23 (plan G6) • ☎ 055 27 73 000 • www.hotelrosso23.com • 140-230 €.

CASA HOWARD GUEST HOUSE

Cette incroyable *guesthouse* mêle la déco ultra-design et l'ancien. Une chambre possède une terrasse privative. On est sous le charme...

Via della Scala, 18 (plan C2) • ☎ 066 99 24 555 • www.casahoward.com • 149-219 €.

GRAND HÔTEL MINERVA

On se presse dans cet établissement surtout pour sa terrasse et sa piscine sur le toit avec une vue incroyable sur le Duomo.

Piazza di Santa Maria Novella, 16 (plan G6) • ☎ 055 27 230 • www.grandhotelminerva.com • 110-600 €.

San Lorenzo, fief des Médicis (Quartier 5 - p. 52)

HÔTEL ACCADEMIA

En face de la chapelle des Médicis, les chambres de cet hôtel sont particulièrement confortables. Accueil charmant.

Via Faenza, 7 (plan C2) • ☎ 055 29 34 51 • www.hotelaccademiafirenze.com • 50-240 €.

RESIDENZA CASTIGLIONI

De très grandes et belles chambres aux fresques du XVIIIe s. Au 3e étage, déco plus moderne avec toujours autant de confort.

Via del Giglio, 8 (plan C2) ☎ 055 23 96 013 • www.residenzacastiglioni.com • 89-238 €.

HÔTEL AZZI

Un hôtel cosy dont les 40 chambres sont décorées avec goût et souci du confort. Un bon rapport qualité/prix.

Via Faenza, 56 (plan C2) • ☎ 055 21 38 06 • www.hotelazzi.it • 130-180 € • Petit déjeuner : 6 €.

HOTEL PALAZZO BENCI

Ce bel hôtel de charme compte 35 chambres, toutes très propres et bien équipées. Salon sur une cour intérieure ombragée et calme.

Piazza Madonna degli Aldobrandini, 3 (plan C2) • ☎ 055 21 38 48 • www.palazzobenci.com • 90-204 €.

San Marco et la Galleria dell'Accademia (Quartier 6 - p. 58)

LOGGIATO DEI SERVITI

Le raffinement de l'ancienne maison de l'ordre des Serviteurs se retrouve dans la décoration de ces chambres. Une excellente adresse avec vue sur les toits de la ville.

Piazza della Santissima Annunziata, 3 (plan D2) • ☎ 055 28 95 92 • www.loggiatodeiservitihotel.it • 150-400 €.

HÔTEL MONNA LISA

Le succès de cet hôtel réside dans le charme de ses chambres avec balcon donnant sur une jolie cour fleurie. On se prend à rêver de vacances éternelles dans les salons et le jardin romantique.

Borgo Pinti, 27 (plan D3) ☎ 055 24 79 751 • www.monnalisa.it • 129-379 €.

De Santa Croce à Sant'Ambrogio (Quartier 7 - p. 64)

PALAZZO GALLETTI

Dans ce palais du XIXe s., on découvre des chambres raffinées décorées d'œuvres d'art choisies par des propriétaires voyageurs.

Via Sant'Egidio, 12 (plan D3) • ☎ 055 39 05 750 • www.palazzogalletti.it • 150-200 €.

LE TRE STANZE

Ce palais du XVIe s. cache trois superbes chambres. La *mansarda* a vue sur les toits.

Via dell' Oriuolo, 43 (plan I6) • ☎ 329 21 28 756 • www.letrestanze.it • 120-140 €.

JANDJ HISTORIC HOUSE HOTEL

Les chambres de cet ancien monastère du XVIe s. rivalisent de finesse dans le choix des meubles et des tissus. Le patio ouvert sur un salon est une pure merveille.

Via di Mezzo, 20 (plan E3) • ☎ 055 26 312 • www.jandjhotel.net • 120-230 €.

L'Oltrarno, Santo Spirito et San Frediano (Quartier 8 - p. 68)

LA SCALETTA

Un hôtel aux 36 chambres meublées avec goût, salle de bains et équipements modernes. Terrasse avec vue sur le palais Pitti !

Via Guicciardini, 13 (plan G8) • ☎ 055 28 30 28 • www.hotellascaletta.it • 99-199 €.

ANNALENA

De grandes chambres lumineuses offrant une vue rafraîchissante sur le jardin Boboli. Une adresse prisée pour son accueil et son petit déjeuner-buffet !

Via Romana, 34 (plan B4) • ☎ 055 22 24 02 • www.annalenahotel.it • 80-245 €.

HOTEL PALAZZO GUADAGNI

Au dernier étage du palais Guadagni, chambres décorées à l'ancienne impeccables.

Piazza Santo Spirito, 9 (plan C4) • ☎ 055 26 58 376 • www.palazzoguadagni.com • 80-220 €.

RELAIS IL CESTELLO

Cet hôtel compte 10 chambres spacieuses et fleuries. Les n°s 6, 7 et 9, sous les combles, sont les plus belles. Service digne d'un 4-étoiles pour un prix modique !

Piazza di Cestello, 9 (plan B3) • ☎ 055 28 06 32 • www.hotelrelaisilcestello.com • 80-170 €.

CASA PUCCI B&B

Les cinq chambres de cette maison s'organisent autour d'un patio très agréable. Cuisine ouverte sur la terrasse en libre-service. Accueil très soigné.

Via Santa Monaca, 8 (plan B3) • ☎ 055 21 65 60 • www.casapucci.it • 98-170 €.

Séjour dans les institutions religieuses

Pas besoin d'être en odeur de sainteté pour loger dans ces congrégations qui présentent l'avantage d'être calmes et bon marché (25-80 €/pers.). Elles proposent des chambres au confort simple (1-4 pers.) avec ou sans salle de bains. Les périodes de mars à juin sont chargées en raison de l'affluence des groupes scolaires.

Istituto oblate dell' Assunzione
Borgo Pinti, 15 (plan D3) • ☎ 055 24 00 582/83.

Casa Santo Nome di Gesù
Piazza del Carmine, 21 (plan B3) • ☎ 055 21 38 56 • www.fmmfirenze.it

Lexique

Les voyelles

• « e » n'est jamais muet, même en fin de mot.

• « u » se prononce ou, même après g et q.

Les consonnes

• « c » et « g » se prononcent comme en français devant a, o et u.

Mais :

ce = tché ; ci = tchi.

cia = tcha ; cio = tcho.

che = ké ; chi = ki.

chia = kia ; chio = kio ; chiu = kiou.

ge = dgé ; gi = dgi ;

gio = djo ; giu = djou.

ghi = gui ; ghe = gué ;

ghia = guia ; ghio = guio ;

ghiu = guiou.

gli = li (mouillé) ;

glie = lyé ; glia = lya ;

glio = lyo ; gliu = lyou.

sce = ché ; sci = chi (sc devant a, o et u = sk) ; schi = ski ; sche = ské ; sciu = chou.

Enfin :

• Le « r » doit toujours être bien roulé.

• Les consonnes doubles doivent être accentuées.

• Oubliez les sons nasaux (« m » et « n » sont toujours détachés).

• L'accent tonique est le plus souvent situé sur l'avant-dernière syllabe. Dans le lexique qui suit, il figure sur les **lettres en gras**.

À droite : *a d**e**stra*
À gauche : *a sin**i**stra*
Acheter bon marché : *compr**a**re a bu**o**n merc**a**to*
Argent : *den**a**ro*
Au revoir : *arrived**e**rci*
Avez-vous... ? : *ha... ?*
Banque : *b**a**nca*
Beaucoup : *m**o**lto*
Bière : *b**i**rra*
Bijoutier : *gioielli**e**re, or**e**fice*
Boîte aux lettres : *cass**e**tta della p**o**sta*
Bonjour : *buongi**o**rno*
Boutique : *neg**o**zio*
C'est trop cher : ***è** tr**o**ppo c**a**ro*
Café : *caff**è***
Café allongé : *caff**è** l**u**ngo*
Café crème : *cappucc**i**no*
Caisse : *c**a**ssa*
Change : *c**a**mbio*
Chapeau : *capp**e**llo*
Chaussures : *sc**a**rpe*
Chemise : *cam**i**cia*
Chocolat : *cioccol**a**ta (in t**a**zza)*
Combien coûte... ? : *qu**a**nto c**o**sta... ?*
Combien est-ce ? : *qu**a**nto **è** ?*
Costume : *vest**i**to*
Cuir : *cu**o**io*
Dessin : *dis**e**gno*
Eau : ***a**cqua*
Eau gazeuse : ***a**cqua frizz**a**nte*
Excusez-moi : *sc**u**si*
Faire des achats : *f**a**re d**e**lle sp**e**se*
Fermé : *chi**u**so*
Fromage : *form**a**ggio*
Fruits : *fr**u**tti*
Gâteau : *d**o**lce*
Glace : *gel**a**to*
Hors-d'œuvre : *antip**a**sto*
Je ne comprends pas : *non cap**i**sco*
Je vous en prie : *pr**e**go*
Jouet : *gioc**a**ttolo*
Jus de fruits : *s**u**cco di fr**u**tta*
L'addition, s'il vous plaît : *il c**o**nto, per fav**o**re*
Lingerie : *biancher**i**a **i**ntima*
Livraison : *cons**e**gna*
Livre : *l**i**bro*
Madame : *sign**o**ra*
Magasin : *neg**o**zio*
Menu : *c**a**rta, l**i**sta*
Merci : *gr**a**zie*
Mode : *m**o**da*
Monsieur : *sign**o**re*
Moutarde : *s**e**nape*
Nappe : *tov**a**glia*
Non : *no*
Oui : *si*
Ouvert : *ap**e**rto*
Pain : *p**a**ne*
Pantalon : *calz**o**ni, pantal**o**ni*
Payer : *pag**a**re*
Peau : *p**e**lle*
Pointure : *n**u**mero di sc**a**rpe*
Poisson : *p**e**sce*
Porte-monnaie : *portamon**e**te*
Portefeuille : *portaf**o**glio*
Poste : *p**o**sta*
Pourquoi ? : *perch**é** ?*
Pouvez-vous me dire... ? : *pu**o** d**i**rmi... ?*
Prix : *pr**e**zzo*
Puis-je voir ? : *p**o**sso ved**e**re ?*
Pull-over : *m**a**glia/magli**o**ne*
Qualité : *qualit**à***
Rabais : *sc**o**nto*
Repas : *pr**a**nzo*
Retouche : *mod**i**fica*
Rien : *ni**e**nte*
Robe : *vest**i**to*
S'il vous plaît : *per fav**o**re*
Sac : *b**o**rsa*
Sac à main : *bors**e**tta*
Salade : *ins**a**lata*
Sel : *s**a**le*
Solde : *v**e**ndita promozion**a**le ou liquidazi**o**ni*
Sucre : *z**u**cchero*
Talon (haut) : *t**a**cco (alto)*
Tarif : *tar**i**ffa, list**i**no d**e**i pr**e**zzi*
Téléphone : *tel**e**fono*
Thé : *t**è***
Ticket de caisse : *scontr**i**no*
Timbre-poste : *francob**o**llo*
Tissu : *tess**u**to*
Veau : *vit**e**llo*
Verre : *bicchi**e**re*
Veste : *gi**a**cca*

Mots-clés

CRÉDIT PHOTOGRAPHIQUE

Intérieur

Jean-Christophe Godet : p. 4 (b.), p. 5 (c. d.), p. 7 (ht), p. 9 (b.), p. 20, p. 55, p. 63, p. 66, p. 97, p. 103, p. 108, p. 120, p. 137, p. 139, p. 141, p. 144, p. 154, p. 156 (b. d.), p. 165, p. 166, p. 170, p. 173, p. 178, p. 179.
Patrice Hauser : p. 1, p. 2, p. 4 (ht), p. 5 (ht), p. 5 (b), p. 6 (c. d.), p. 7 (b.), p. 8, p. 9 (ht), p. 10, p. 11 (c. d.), p. 11 (b. d.), p. 13, p. 14, p. 15, p. 19, p. 23, p. 24, p. 26, p. 27, p. 28, p. 29, p. 37, p. 39, p. 40, p. 41, p. 43, p. 44, p. 45, p. 47, p. 49, p. 50, p. 53, p. 54, p. 59, p. 62, p. 65, p. 67, p. 69, p. 71, p. 72, p. 75, p. 76, p. 80, p. 83, p. 84, p. 85, p. 87, p. 89, p. 92, p. 93, p. 94, p. 96, p. 99, p. 100, p. 101, p. 102, p. 105, p. 110, p. 113, p. 115, p. 117, p. 119, p. 127, p. 129, p. 131, p. 134, p. 138, p. 142, p. 145, p. 151 (c. d.), p. 153, p. 155, p. 156 (c. g.), p. 160, p. 162, p. 163, p. 164, p. 168, p. 174, p. 177, p. 180, p. 187.
Jérôme Plon : p. 6 (c. g.), p. 7 (c. g.), p. 12, p. 21, p. 25, p. 31, p. 33, p. 35, p. 36, p. 38, p. 48, p. 57, p. 61, p. 76 (ht), p. 78, p. 79, p. 81, p. 123, p. 125, p. 135, p. 159, p. 175, p. 182, p. 183, p. 185.
Adobe Stock : © efired p. 9 (c. d.)
Tous nos remerciements aux établissements suivants pour leur aide :
© Lungarno Hotels p. 114
Firenze Urban Trail © Leonardo Brogioni p. 11 (ht g)

Couverture

Plat 1 : Vue de Florence depuis le Piazzale Michelangelo, © Valery Vvoennyy/AGE Fotostock (visuel principal) ; *La Naissance de Venus* de Botticelli, Galleria degli Uffizi, © Andrea Alborno/Hemis.fr (b. g.) ; Restaurant La Ménagère, © Patrice Hauser (b. d.). **Plat 4 :** Villa La Gamberia, © Patrice Hauser (ht g.) ; Restaurant Simbiosi, © Patrice Hauser (b. d.).

Dernière édition revue et enrichie par **Jean-Philippe Follet.**
Éditions antérieures revues et augmentées par Alix Delalande, Alexia Gaillard et Natasha Penot.
Édition originale établie par Katherine Vanderhaeghe.

Direction : Nathalie Bloch-Pujo
Direction éditoriale : Cécile Petiau
Édition : Marine Barbier-Blin, Eulalie Chantreux, Émilie Lézénès, Géraldine Péron, Adam Stambul, Julie Wood
Suivi éditorial : Bertrand Lauzanne
Lecture-correction : Nadine Lucas
Ont également collaboré à cet ouvrage : Marella Barbera, Oriane Gambatesa
Cartographie : Frédéric Clémençon et Aurélie Huot
Fabrication : Rémy Chauvière

Conception graphique de la couverture et de la maquette intérieure : Caroline Joubert • www.atelier-du-livre.fr
Mise en pages intérieure : Chrystel Arnould

Contact presse : rmazef@hachette-livre.fr - ☎ 01 43 92 36 66
Contact publicité : vhabert@hachette-livre.fr - ☎ 01 43 92 32 52

Aussi soigneusement qu'il ait été établi, ce guide n'est pas à l'abri des changements de dernière heure, d'erreurs ou omissions. Ne manquez pas de nous faire part de vos remarques. Informez-nous aussi de vos découvertes personnelles, nous accordons la plus grande importance au courrier de nos lecteurs :

Guides Un Grand Week-end - Hachette Tourisme - 58, rue Jean-Bleuzen, 92 170 Vanves
weekend@hachette-livre.fr
Facebook @GuidesUnGrandWeekend • **Instagram** @ungrandweekend
• **Twitter** @ungrandweekenda

Édité par Hachette Livre (58, rue Jean-Bleuzen, CS 70007, 92 178 Vanves Cedex)
Imprimé par Polygraf (Capajevova 44, 08199 Presov, Slovaquie)
Achevé d'imprimer : mars 2018
ISBN : 978-2-01-700842-2 - 63-3482-6
Dépôt légal : mars 2018 - Collection n°44 - Édition : 01